Große Kochkunst heute
Fische, Schal- und Krustentiere

Große Kochkunst heute

Fische, Schal- und Krustentiere

Meisterwerke von
Paul Bocuse · Albert Bouley · Alain Chapel · Lothar Eiermann ·
Michel Guérard · Paul Haeberlin · Emile Jung · Patrick
Juveneton · Rudolf Katzenberger · Franz Keller jr. · Jaap Klosse ·
Henri Lévy · Jacques Manière · Anton Mosimann · Jörg und
Dieter Müller · Pierre Romeyer · Armin Scherrer ·
Günter Scherrer · Bertold Siber · Jean und Pierre Troisgros ·
Roger Vergé · Eckart Witzigmann · Hans Peter Wodarz

Herausgegeben von Arne Krüger

Gräfe und Unzer

Arne Krüger,
Autorität auf allen Gebieten der Küche und Feinschmecke-
rei seit über 20 Jahren, ist Erfolgsautor kulinarischer Lite-
ratur und führendes Mitglied aller bedeutenden gastronomischen Vereinigungen, von denen er eine Anzahl selbst
mitgegründet hat, wie die »Gastronomische Akademie
Deutschlands«, den »Rastatter Kreis«, die »Sommelier-
Union der Weinfachleute«; er ist Generalsekretär der ange-
sehenen »Brillat-Savarin-Stiftung« mit ihren weitreichen-
den Aktivitäten. Arne Krüger ist sowohl in der Welt der
Weine wie unter den berühmten Köchen bekannt und aner-
kannt. Er ist Mitglied der »Académie Culinaire de France«,
der »Société des Cuisiniers de Paris«, des »Chefs and
Cooks Cercle, London«, des »Verbandes der Köche
Deutschlands«, um nur einige Verbände zu nennen. Die
Fachwelt schätzt ihn als Herausgeber der Zeitschriften »Arne's Journal«, »Chef International«, »Gastronomie-Impul-
se« und »Feinschmecker«.

Die Fotos gestalteten Swenne und René Lauert.

© Gräfe und Unzer GmbH, München
Nachdruck, auch auszugsweise, ohne ausdrückliche
Genehmigung des Verlages nicht gestattet.
Redaktion: Ulla Penzoldt
Einbandgestaltung: Constanze Reithmayr-Frank
Gesamtherstellung: Kösel, Kempten

ISBN 3-7742-3265-2

Inhalt

Zum Geleit

Wie jede Kunstform soll und muß sich auch die Kochkunst ständig erneuern, um lebendig und zeitnah zu sein.

Die Intervalle der Erneuerungen mögen in der Vergangenheit in größeren Zeiträumen erfolgt sein und wurden sicher meistens durch politische Einflüsse hervorgerufen, wenn man da zum Beispiel an die französische Revolution denkt. Aber schon im letzten Jahrhundert mit seiner bis dahin ungeahnten Blüte an Kochkünstlern und ihren verschiedenen Ausdrucksformen wandelte sich die Mode häufig genug und mit ihr kamen Strömungen in die Küchen, die eben Ausdruck der veränderten Zeit waren.

In unseren Jahrzehnten sind die gesellschaftlichen Veränderungen besonders stark mit der Kochkunst verwoben.

Auf der Basis der klassischen Küche mit ihren unveränderlichen Regeln konnte die Fantasie einiger namhafter Kollegen interessante Akzente setzen; erst in kleinem Kreis, dann immer größere Kreise ziehend. Bis wir zu dem bedeutenden Durchbruch kamen, dem die zeitgenössischen Meister den Namen Nouvelle Cuisine gaben.

Und schon hat man diese Kunstrichtung wieder verlassen und steuert eine neue zukunftsorientierte Küche an, die sich vom kulinarischen Internationalismus entfernt und bewußt zu einer Küche mit heimischen frischen Rohstoffen der jeweiligen Regionen führt. Deshalb werden wir voraussichtlich in nächster Zukunft keine europäische Einheitsküche erleben. Vielleicht liegt der Grund darin, daß die Eßgewohnheiten doch stärker mit der engeren Heimat verbunden sind, mit den Lebensmitteln, die in ihr wachsen und an die sich die Menschen von klein auf gewöhnen.

Die »Académie Culinaire de France« beobachtet diese Entwicklungen sehr genau und zieht daraus ihre Schlüsse.

In jedem Fall wird das fachliche Erbe der großen Namen der letzten hundert Jahre in erneuerten Formen der Küche fortgesetzt und geehrt. Auch wenn die Gerichte allgemein leichter und zum Teil eleganter angerichtet werden; wenn die Zutaten immer mehr verfeinert werden, nicht zuletzt durch moderne Zuchtergebnisse und noch schnellere Transportmöglichkeiten; auch wenn die Mengen auf den Platten und Tellern kleiner wurden, um eine größere Abwechslung in die Speisenfolgen zu bringen; auch wenn die Rohstoffe heute schonender zubereitet werden, noch mehr naturbelassen als früher: Das Prinzip des guten Geschmacks und der Bekömmlichkeit bleibt dennoch bestehen.

Gerichte und Platten, die von unseren Gästen nicht akzeptiert werden, auch wenn man ihre Idee vielleicht anerkennt, bleiben Experiment und sind somit für die Gastronomie nicht annehmbar.

Sicher brachte der Gedankenaustausch über die Grenzen hinweg eine vorteilhafte Befruchtung aller Beteiligten. Wir freuen uns, daß so viele deutsche, schweizerische, holländische und italienische Kollegen, jüngere und erfahrene, den Rat bei unseren großen französischen Meistern suchen und deren Erfahrungen in ihren Betrieben nutzen.

Unsere Gourmet-Gäste bereisen alle Länder und werden in Zukunft durch diese neue Küchenrichtung noch mehr Abwechslung haben. Für sie wird das Reisen zu den bekannten Restaurants in den Städten und auf dem Lande noch reizvoller, wenn sie die Unterschiede der Rohstoffe und der Art der Rohstoffbehandlung erleben können.

Ich wünsche dieser Buchreihe mit den Meisterwerken unserer großen Köche in Europa besten Erfolg – bei den erfahrenen und den jüngeren Köchen und Chefs. Aber sicher werden auch mancher Amateur und manche »Cordon Bleu« angeregt, sich in diese Bände zu vertiefen und daraus zu lernen.

Michel Malapris
Präsident der
»Académie Culinaire de France«
in Paris

Über dieses Buch

Mit der Buchreihe »Große Kochkunst heute« wird der Versuch unternommen, ein Bild der zeitgenössischen und zukunftsorientierten Küche zu zeigen. Es handelt sich um Beispiele von Experten, die heute in Europa wegweisend für ihre Fachkollegen sind, weil sie einen bestimmten Zeitabschnitt innerhalb der Entwicklungsgeschichte der großen Kochkunst durch ihren eigenen Stil nachhaltig mitprägten.

Rückblick
Man muß sich vergegenwärtigen, wie es um die Kochkunst Europas stand, als die Neuzeit begann.
Seit dem Mittelalter hatten erst die Klöster eine Küche gepflegt, die sich über die des armen Bauernstands erhob. Sie bezog meistens ihre Naturalien aus eigenem Ackerbau und eigener Viehzucht. Die Klöster hatten auch ihren eigenen Wein. Durch eine höhere Intelligenz und Bildung sorgten sie außerdem für die Aufklärung der Bauern über eine gesunde Ernährung.
Abgelöst wurden die Klöster in ihrer entscheidenden Rolle durch die größer, mächtiger und reicher werdenden Fürstenhäuser, die sich zunehmend feineren Hofstaat leisteten, den Moderichtungen folgten oder zu folgen suchten. Dazu gehörte nicht zuletzt auch eine gehobene Kochkunst im eigenen Haus mit besseren Lebensmitteln, möglichst aus entfernteren Regionen, Gewürzen aus Übersee, gleichgültig, was dies kostete.
Dies war der Zeitpunkt, an dem sich nun der internationale Ruhm der Köche zu entwickeln begann. Sie wurden von einem Hof zum anderen ausgetauscht und »gehandelt«. Der erste wirklich berühmte Hofkoch, Marie Antoine Carême (1783–1833), wurde von Richelieu an den Zarenhof ausgeliehen, kochte gastspielweise bei anderen Fürsten. Später geschah das mit dem letzten großen Küchenfürsten, Georges Auguste Escoffier (1846–1935), der in seinen späteren Jahren nur noch die großen Hotels eröffnete, also die Gala-Dîners kochte, mit einer eigenen Equipe von kochenden Gehilfen, eigenen Gewürzvorräten und Geschirren. Escoffier entwarf auch eigene Geschirre, die noch heute hergestellt und weltweit gebraucht werden, wie die auch in diesem Buch immer wieder verwendete »Plat russe«, um nur ein Beispiel zu nennen.
Meister Escoffier wurde gefeiert, wie kaum ein Koch vor ihm. Kaiser Wilhelm nannte ihn den »Kaiser der Köche, Koch der Kaiser«. Escoffier reiste von Land zu Land, wurde herumgereicht wie ein Weltwunder, schrieb sein Lebenswerk »Guide Culinaire«, das noch heute eine Art Bibel der Köche ist.
Aber seine Küche war feudal und konnte schon den Ersten Weltkrieg nur knapp überstehen. Das heißt, nur einige wenige Grand Hotels konservierten diese Escoffier-Küche, wie auch ihre Gobelins und Stehgeiger-Kapellen, Ober im Frack, Pagen in Uniform, Türportiers mit Tressen und andere höfische Attribute.
In der Zeit des Dritten Reiches wurde diese Tradition weiter geschmälert. Nach dem Zweiten Weltkrieg versuchte man, die alte Tradition noch einmal aufleben zu lassen. Die alten Herren Küchendirektoren der Kaiserzeit waren noch im Amt oder wurden als Zuchtmeister der neuen Generation wieder herangezogen, doch dann ließ sich der alte Stil von 1870 nicht mehr am Leben erhalten. Die Tafelaufsätze verschwanden ebenso wie die pompösen Schauplatten, auf denen Gelees mit hartem Eiweiß und Trüffelscheiben zu schachbrettartigen Ziselierarbeiten verwendet wurden. Feinste Fäden aus Porreeblättern waren zu Blumen auf farbigem Saucenuntergrund geformt, Karottenscheiben kleeblattartig ausgestochen und dekoriert zu Blüten aus Tomatenschalen, Paprikaschoten und Champignonköpfen, die mit der Messerspitze spiralförmig eingeritzt wurden. Auch ich habe dieses »Tournieren« der Gemüse noch lernen müssen – oder dürfen, je nachdem. Dieser Stil – wie gesagt – verschwand nach dem Zweiten Weltkrieg.
Jedoch – Rudimente dieser Pseudokochkunst sind heute noch zu finden, besonders bei den international ausgetragenen Kochkunstwettbewerben. Noch immer geistert hier Escoffiers Schatten.
Daneben und für das tägliche Brot wird einfach gekocht. Oft einfacher, als man es sich in der Branche der weißen Zunft eingesteht. Nicht nur die Deutschen lieben Schnitzel, auch an Frankreichs Straßen werden Pommes frites angeboten, mit oder ohne Ketchup oder Mayonnaise zum Eintauchen. »Richtig essen« heißt für den »Mann auf der Straße« noch immer »essen bis zur physischen Grenze«. Selbst Chefs der feineren Küche bekommen im Kollegenkreise bei Männerausflügen glänzende Augen, wenn es deftige Eintöpfe, garnierte Sauerkrautplatten oder Winzerteller gibt.

Die neue Richtung

In diese Situation kam wie aus heiterem Himmel die Kunde einer neuen Richtung der Kochkunst aus Frankreich, die man in Ermangelung eines besseren Namens, einfach »Nouvelle Cuisine« nannte. Eine neue Küche! Die jüngeren Köche, die in avantgardistischen französischen Küchen gelernt hatten und nun zurückkamen, konnten mit unserer Traditionsküche nichts mehr anfangen. Tatsächlich stießen Welten aufeinander. Nur noch die Waren des täglichen Einkaufs entschieden über den Küchenzettel des betreffenden Tages. Gab es zu wenig, mußte eben auf entfernteren Märkten gekauft werden. Für die meisten war es Kolmar, dann Straßburg, dann Lyon und schließlich »der Bauch von Paris«, Rungis, als Mekka, das alle Wünsche befriedigte. Dieser gigantische Markt wurde von den ausländischen Köchen und Einkäufern durchforstet und heute stehen in jeder Nacht die Lastwagen dort, werden beladen und rollen in der Morgendämmerung ins Heimatland, sind mittags bei den ersten Restaurants, am Abend bei den letzten und liefern speziell zubereitete doppeltfette Sahne (Crème double), gesalzene Butter, gezüchtete Tauben und Perlhühner, Poularden und Poulets von ungeahnter Zartheit. Das gilt für Lämmer aus der Provence, von der Loire oder der Bretagne und so weiter . . .

Die Waren wurden nicht mehr durchgekocht, sondern nur blanchiert, Fleisch wurde saignant gebraten, Saucen wurden nicht mehr mit der Roux, blanc oder brun, gebunden, sondern mit Sahne legiert und mit kalten Butterflocken montiert, bis das reine Fett auf dem Teller stand. Kein Wunder, daß dieses den Gästen auch schmeckte. Butter hat noch keinem Gericht geschadet. Auch die Roux, mit »Mehlschwitze« übersetzt, wie vieles andere auch, eine Erfindung der französischen Küchenmeister, hatte geschmeckt, aber nun war eben doch alles anders. Die Teller waren nur noch mit kleinsten Kostproben angerichtet, nichts mehr zum Sättigen, es sei denn, man reihte einen Teller an den anderen. Die Neun-Gang-Speisenfolgen entstanden, die Menus dégustations, alles Kostproben, alle gut aufeinander abgestimmt, alle mit feinsten Dingen ausgestattet.

Das machte den Köchen Spaß. Das machte den Restaurateuren und Hoteliers Spaß, weil sich diese neuen Teller mit wenig darauf doppelt so teuer verkaufen ließen.

Es waren Kunstwerke der Kochkunst. Und Kunst mußte bezahlt werden. Böse Zungen behaupten sogar, daß die Erfinder der Nouvelle Cuisine eigentlich nicht eine Tat der Nächstenliebe begehen wollten, sondern einen Weg gesucht hatten, wie man mit Anstand und über Nacht die festgefrorenen Essenspreise kräftig anheben konnte. Jetzt war die neue Kochkunst mit der alten, der Bechamelküche, nicht mehr zu vergleichen, jetzt konnte man tatsächlich einen guten Grund haben, andere Preise auf die Speisenkarte zu setzen.

Das war alles erst in den 70er Jahren. Hundert Jahre, nachdem Escoffier seine eigene bescheidene Revolution gestartet hatte.

Ex occidente lux – müßte man sagen, wenn man diese Geschichte weitererzählt. Denn auch aus Frankreich kam die Ernüchterung. Die großen Köche mit leuchtenden Namen, die bekannten Meister widerriefen ihre Kunst. Sie stellten die Weichen erneut und proklamierten die Küche der Region, der Hausfrau.

Bei der schnellen Reisegeschäftigkeit vieler Gourmets, die heute in Collonges-sur-Mont d'Or, gestern in Illhaeusern, morgen in Berlin und übermorgen in Wertheim-Bettingen speisen, wurde diese Kunde rasch bekannt, was zur Auslösung dieses Retour-à-la-nature-Effektes beitrug.

Klassische Relikte

Noch immer aber gibt es auch, wie Felsen in der Brandung, die großen Restaurants der Sonderklasse in allen Metropolen der Welt, auch in Paris, die heute klassisch kochen, die eine Cuisine Classique für die einzig machbare Küche halten. Und diese Gourmettempel sind mittags und abends ausverkauft. Hier weiß der Gast, was ihn erwartet. Meistens etwas sehr Gutes, dazu ein großer Weinkeller, der keine Wünsche offen läßt. Denkt man ans Ledoyen von Gilbert Lejeune an den Champs-Elysées, ans Taillevent des Herren Vrinat, so könnte man an jeder Vorwärtsentwicklung der Grande Cuisine verzweifeln. Es schmeckt köstlich, alle Erwartungen werden erfüllt, die Menschen sind dort glücklich, aber es sind keine intellektuellen Esser, keine kulinarischen Missionare, sondern barocke Menschen, junge und ältere, die Kochkunst lieben. Und wie steht es um die Rezeptsammlungen? Hier scheint alles schon dagewesen. Kochbücher mit 3000 Rezepten sind keine Ausnahme,

180 Kartoffelzubereitungen nennt allein der »Hering« (Richard Hering, »Lexikon der Küche«), das noch immer allgegenwärtige Nachschlagewerk aller Köche. Die Händler bieten jedes Gemüse, jegliche Frucht der Welt an und das fast das ganze Jahr über. Die Gäste kennen beinahe sämtliche namhaften Restaurants in Europa, man unterhält sich in gastronomisch gebildeten Kreisen nur noch über Nuancen dieser oder jener Handschrift eines Meisters.

Die Küche von morgen

In diesem Buch soll nun der Weg aufgezeigt werden, auf dem sich die Kochkunst in den nächsten Jahrzehnten entwickeln kann, denn sie ist ja nicht nur ein elitärer Zeitvertreib, sondern sie liefert das Rückgrat des Gaststättengewerbes in Restaurants und Hotels. Daher dient dieses Buch weder den Image-Erfolgen einzelner Kochkünstler, noch sollen kurzlebige Modetrends dokumentiert werden. Das Werk wurde so angelegt, daß es über die Landesgrenzen der Autorenheimat hinausreicht. Die Rezepte wurden vom Herausgeber schon im Hinblick auf Aspekte der Küche von morgen ausgewählt und jeweils kommentiert.

Die Küche der nächsten Jahrzehnte wird weitere Reformen der Anrichteweise, der Mengenverhältnisse und des Frischeprinzips bringen. Aus dem Zusammenklang neuer Einflüsse mit dem Zurückgreifen auf die bodenständige Küche neuer Prägung wird die Kochkunst bestehen bleiben, die das Publikum goutiert. Dieses Buch beschreibt den neuen Weg einer neuen Küche in Europa.

Die Absicht des Herausgebers

Die Autoren verteilen sich auf die Länder Frankreich, Belgien, England, die Niederlande und Deutschland, wobei nur der Standort der Herren gemeint ist, denn natürlich wurden auch französische Chefs in Deutschland und beispielsweise ein Schweizer in England einbezogen. Es handelt sich um die Elite derjenigen Köche, deren Arbeiten von den Kollegen stark beachtet werden.

Der Herausgeber hat mit den Autoren meistens längere Fachgespräche geführt, hat die Auswahl an Rohstoffen und Verarbeitungstechniken bewertet und die betreffenden Gerichte in einen feinschmeckerischen Zusammenhang gebracht. Dabei hat er darauf geachtet, die Handschrift der Kochkünstler beizubehalten, denn jede stilistische Nivellierung wäre dem Werk abträglich. Die zitierten Rezepte sind – natürlich – das Eigentum der Autoren. Sie sind in der international üblichen knappen Fachsprache formuliert.

Zur Erleichterung der Definitionen, insbesondere für Leser aus dem Amateurbereich, hat der Herausgeber ein »Glossar« angefügt. Gleichzeitig werden damit auch seltenere Rohstoffe und spezielle Ausdrücke der modernen Küche erläutert.

Immerwiederkehrende Erklärungen wurden zum Teil verkürzt, der Gebrauch einer Pfeffermühle nicht immer wieder neu aufgeführt, wobei jeder Chef sowieso seinen eigenen Weg geht. Eingebürgert hat sich die Füllung von einem Drittel schwarzem und zwei Drittel weißem Pfeffer, wobei manche Chefs auch noch etwas trockenen grünen Pfeffer zufügen. In den Zutatentexten sind auch keine Mengenangaben für die Grundgewürze, Pfeffer und Salz, angegeben, weil diese den Text zu sehr in die Nähe der Laienliteratur bringen würden.

Die farbigen Abbildungen wurden im Sinne einer Authentizität nicht im Atelier eines Fotografen nachvollzogen, sondern in den Restaurants der Autoren, in Paris, Straßburg, London, Hamburg, Bettingen, Ravensburg und Wiesbaden exklusiv für dieses Buch fotografiert. Man sieht die Gerichte so, wie sie dort frisch aus der Küche kommen und den Gästen serviert werden. Diese Gerichte wurden von den Autoren selbst hergestellt.

So ist ein Gemeinschaftswerk entstanden, das der Herausgeber in einem zukunftsorientierten Sinn zusammengefügt hat. Seine Anmerkungen sollen den großen Zusammenhang aufzeigen, und sie geben auch einige kritische Bewertungen der Zutaten, Verarbeitung und des Anrichtestils.

Das Buch ist also auch, zusammen mit den Illustrationen, eine kulinarische Stilkunde für den Leser, der sich um eine zukunftsgerichtete Küche bemüht. Dabei sollen Einflüsse der landesgebundenen oder sogar regionalen Küche nicht verschwiegen oder nivelliert werden. Auch Paul Bocuse und Emile Jung steuerten dieser Rezeptsammlung heimatliche Gerichte bei.

Arne Krüger, Hochheim

Die Autoren

Paul Bocuse, Jahrgang 1926. Der weltweit bekannte Mann wird wohl als einer der Erneuerer in die gastronomische Kulturgeschichte eingehen. Nicht nur in Europa, sondern auch in Amerika und Japan werden Restaurants von ihm geleitet. Er hat einen eher gediegenen bis behäbigen Stil gefunden.

Albert Bouley, Jahrgang 1950. Der Junior im elterlichen Hotel in Ravensburg ist ein grübelnder Koch, ein Mann mit einer Leidenschaft für die Gastronomie. Von den alljährlichen Reisen in die Gourmethochburgen Frankreichs kommen für den jungen Wirt die Anregungen, die er in die eigene Handschrift umsetzt.

Alain Chapel, Jahrgang 1938. Er ist der Besitzer eines Restaurants in Mionnay, nahe Lyon. Mit Bocuse und den Troisgrosbrüdern gehört er zum Dreigestirn um Lyon. Unter seinen Kollegen gilt Chapel als etwas eigenwilliger Vordenker der zeitgenössischen Kochkunst, und er ist wohl der eifrigste Experimentator der Nouvelle Cuisine.

Lothar Eiermann, Jahrgang 1945. Er stammt von der badisch-schweizerischen Grenze. »Schon nach 6 Monaten Lehrzeit wollte ich nichts sein als Koch« sagt er von sich. Nach verschiedenen Stationen in berühmten Hotels leitet er heute das vielgerühmte Waldhotel »Schloß Friedrichsruhe« in Öhringen. Er gilt als einer der führenden Denker in Deutschlands Kochbezirken.

Michel Guérard, Jahrgang 1933. Der größte Erneuerer der französischen Küche begann im traditionsreichen »De Crillon« in Paris. Der Umsturz kam im »Camélia« in Bougival, seine Ideen aber konnte Guérard erst im eigenen Pariser Restaurant »Pot au Feu« verwirklichen. Im eleganten »Eugénie-les-Bains« in den Landes offeriert er jetzt eine Küche fürs Abmagern und eine fürs Genießen.

Paul Haeberlin, Jahrgang 1923. Er gilt bereits als Sinnbild einer großen Tradition, die von seinem Sohn Marc fortgesetzt wird. Im eigenen Restaurant in Illhaeusern arbeitet Haeberlin gemeinsam mit dem Bruder Jean Pierre; das Haus ist täglich mehrfach ausgebucht. Paul Haeberlins Küche ist ein ideales Bindeglied zwischen der klassischen und der modernen Form.

Emile Jung, Jahrgang 1938. Der kochende Wirt in seinem Straßburger Restaurant »Crocodile« gehört zur Elite der ostfranzösischen Kochkünstler. Seine Fisch- und Wildgerichte sind berühmt, und seine Küche gibt sich dort reich, wo sie es sein soll, sonst sparsam. Alles Gekünstelte, alle kulinarischen Tricks sind Emile Jung fremd. Seine Frau ist die Seele des Restaurants.

Patrick Juveneton, Jahrgang 1951. Er ist der jüngste Küchenchef in der Reihe der in diesem Buch versammelten Meister, und er ist wohl noch am wenigsten bekannt. Die Familie Lacombe in Lyon entdeckte Juvenetons Talent; sie holte ihn in ihr renommiertes Haus »Léon de Lyon«. Heute ist Juveneton Küchenchef des Restaurants »Le Manoir« in der Rue de l'Eglise im Pariser Villenvorort Neuilly.

Rudolf Katzenberger, Jahrgang 1912. Sein »Adler« in Rastatt gehört zum Mittelpunkt der deutschen Kochkunst. Katzenbergers Küche ist alemannisch, grundsätzlich einfach, aber zugleich erfahren manche Gerichte eine fast raffinierte Behandlung, um seinen Ansprüchen zu genügen. Katzenberger ist Präsident der »Brillat-Savarin-Stiftung« und der geistige Führer der »Vereinigung deutscher Küchenchefs«.

Franz Keller jr., Jahrgang 1950. Er ist heute Mitbesitzer des Kölner Restaurants »Lüders Bar und Kellers Restaurant«. Die erste Prägung erfuhr er im elterlichen Betrieb, dem renommierten Haus »Schwarzer Adler« in Oberbergen. Sein Lehrmeister war dann Hans Beck in Freiburg. Anschließend ging er sofort nach Frankreich, wo unter anderen Paul Bocuse und Michel Guérard bestimmend wirkten.

Jaap Klosse, Jahrgang 1930. Er ist Holländer und besitzt das Restaurant »De Echoput« in Apeldoorn unweit Den Haag. Seine hervorragenden Leistungen brachten ihm die Mitgliedschaft in der »Académie des Cinquantes« und die Präsidentschaft in der »Alliance Gastronomique«. Sein Restaurant gehört zur noblen Gruppe der »Relais Gourmand«.

Henri Lévy, Jahrgang 1933. Er besitzt mit seiner Partnerin, Frau Margarethe Rahn, das Restaurant »Maître« in Berlin. Die ersten sieben Jahre arbeitete er wie ein

Pionier für den guten Geschmack. Von seinen französischen Landsleuten wurde er allerdings immer schon verehrt, und er galt als Geheimtip. Seine Küche gehört heute unbestritten zu den besten Küchen Europas.

Jacques Manière, Jahrgang 1923. Er hat erst in späteren Jahren, nach dem Krieg, zu seinem Beruf gefunden. 1946 gründete er in Perigord eine Konservenfabrik. 1954 gab er diesen Plan auf und entschloß sich, Koch und Restaurateur zu werden. 1958 war er bereits Chef bei »Dreher« am Chatelet. Heute ist er Besitzer des Pariser Austern-Restaurants »Dodin Bouffant«.

Anton Mosimann, Jahrgang 1947. Er ist Leitender Küchenchef der Küchen im »The Dorchester« in London, einem der berühmtesten Hotels der Welt. Mosimann ist Schweizer von Geburt wie sein Vorgänger, der schon legendäre Eugène Kaufeler. Es ist erstaunlich, wie Mosimann neben den vielfältigen organisatorischen Aufgaben noch Zeit für die hohe Kochkunst hat.

Jörg und Dieter Müller, Jahrgänge 1947 und 1949. Beide sind seit vielen Jahren gemeinsam Küchenchefs in den »Schweizer Stuben« in Bettingen-Wertheim, einem der feinsten europäischen Restaurants. Der ältere Jörg setzte die Meilensteine auch für seinen Bruder Dieter, indem er ihn jeweils in die erlesenen Hotels nachzog, in denen er seine Meisterschaft erwarb.

Pierre Romeyer, Jahrgang 1930. Im eßlustigen Belgien gilt er als einer der Besten seines Landes, und sein Ruhm ist weiter verbreitet als der seiner meisten Landsleute. Sein Restaurant in Hoeilaart an der Chaussee de Groenendaal gilt seit Jahren als Gourmet-Treff von hohem Rang. Romeyer ist ein gutmütiger Wirt und Koch in einer guten Küche nach klassischem Vorbild.

Armin Scherrer, Jahrgang 1938. Er ist Besitzer des Landhauses an der feinen Hamburger Elbchaussee, das von ihm gebaut und erweitert, heute als einer der Gourmet-Zentren des europäischen Nordens gilt. Dabei ist Armin, ein Vetter des Günter Scherrer, ein bescheidener Mann geblieben, der sich immer noch mit seinen Köchen fachlich auseinandersetzt und gerne seine Gäste selbst empfängt und berät.

Günter Scherrer, Jahrgang 1941. Wie sein Vetter Armin in Hamburg ist er Mülheimer. Heute wirkt er als hochdekorierter Küchenchef im »Hilton Hotel« in Düsseldorf. Durch seine Leistung wurde es zum gastronomischen Flaggschiff der Gruppe. Seine Küche ist gut von den neuen Strömungen beeinflußt, ohne von ihnen bedrängt zu werden.

Bertold Siber, Jahrgang 1943. In seinem Konstanzer Restaurant »St. Stefanskeller« erleidet er die Einflüsse der eidgenössischen Küche keineswegs, sondern er akzeptiert sie. Viele Gerichte entwirft er auch mit seiner eigenen Handschrift und hat dafür seine Gemeinde. Er gehört zur Gilde der jungen süddeutschen Köche, die den guten Ruf der Küche dort weiterbringen.

Jean und Pierre Troisgros, Jahrgänge 1926 und 1928. Seit 1930 ist das Hotel am Bahnhof von Roanne im Besitz der Eltern Troisgros. Es hieß damals »Hotel Moderne«, aber modern und berühmt wurde es erst unter der Leitung der beiden Brüder. Heute gehört dieses Haus zu den gastronomischen Sehenswürdigkeiten dieser Welt. Die beiden Brüder arbeiten nebeneinander, keiner will den andern übertrumpfen.

Roger Vergé, Jahrgang 1930. Er leitete nach vielen Stationen in bedeutenden Hotels auch die Bordküchen verschiedener Fluggesellschaften. Sein Wirkungsort ist heute »Le Moulin de Mougins«, oberhalb von Cannes. Außerdem hat er das Restaurant »L'Amandier« und eine Kochschule.

Eckart Witzigmann, Jahrgang 1941. Im Hotel »Straubinger Hof« erhielt er bei Chef Scheibenflug die ersten Prägungen als Koch. Heute gehört er zur Weltelite. Als Chef im neuerbauten »Tantris« in München gelang ihm der große Durchbruch mit eigenen Ideen. Heute ist er Mitbesitzer in der Münchner »Aubergine«.

Hans Peter Wodarz, Jahrgang 1948. Er wirkt als gescheiter Koch und kochender Wirt in seinem Restaurant »Ente vom Lehel« innerhalb des Wiesbadener Hotels »Nassauer Hof«. Besonders werden seine Ideen bewundert, die zu neuen Gerichten führen. Er hat auch ein Delikatessengeschäft und ein kleines Tagesrestaurant daneben, ständig überfüllt.

Aal mit Fines herbes mariniert

Anguille froide marinée aux fines herbes

»Der Aal ist zwar kein sehr feiner Fisch, auch soll er schwer verdaulich sein, aber ein Könner wird aus ihm immer ein gutes Mittagessen herstellen«, sagt Alfred Walterspiel in seinem Buch »Meine Kunst in Küche und Restaurant«. »... Ein Könner wird aus ihm...«, einen solchen haben wir in Jaap Klosse vor uns. Er stellt mit »Anguille froide marinée aux fines herbes« ein wohl abgestimmtes Gericht vor, das übrigens unter die wenigen Beispiele aus der kalten Fischküche zählt, die ich für dieses Buch aus der Vielzahl der gerade hier zur Verfügung stehenden Möglichkeiten ausgewählt habe. Unser holländischer Autor legt besonderen Wert auf die sorgfältige Einhaltung der Zutatenmengen bei den aromatischen Bestandteilen. Sie machen den geschmacklichen Wert dieses Gerichtes aus.

Zutaten für 6 Portionen:

1 kg frischer Aal

Salz

Weißer Pfeffer

75 g Zwiebeln

75 g Porree (Lauch)

Für die Marinade:

50 g Möhren

50 g Kerbelblätter

50 g Sauerampferblätter

100 g Petersilie

50 g Estragonblätter

1 l klare Fleischbrühe (weißer Fond)

Vorbereitungen:
Den Aal häuten. Danach nur die Rückenflossen herausziehen, die Mittelgräte jedoch darin lassen. Den Aal ausnehmen und gründlich waschen. Bei sehr großen Exemplaren Portionsstücke schneiden.
Den Aal salzen und pfeffern.
Die Zwiebeln pellen und ebenso wie das Porreeweiße in Scheiben schneiden, die ohne Fett auf einer heißen Herdplatte gelbbraun werden sollen. Diese Scheiben dann auf den Boden einer Plat russe oder eines ovalen Kupferkasserols legen.

Zubereitung:
Darauf nun den Aal, ganz oder in Stücken anordnen.

Alle Gemüse und Kräuter (Möhren, Kerbel, Sauerampfer, Petersilie, Estragon) kommen geputzt, gewaschen und mundgerecht geschnitten darüber und dazwischen.
Jetzt mit dem vorher gekochten und sauber abgeschmeckten, eventuell auch geklärten Fond aufgießen. Aal und Aromaten sollen vom Fond gerade bedeckt sein.
Anschließend die Plat russe (oder das Kupferkasserol) mit einem Stück Alufolie abdecken und die Ränder andrücken. Den Aal-Gemüse-Kräuterinhalt in der so verschlossenen Plat russe (dem Kupferkasserol) langsam bei schwacher Hitze auf 85°C bringen und in dieser Temperatur etwa 40–45 Minuten halten. Dann das Gericht, immer noch folienbedeckt, langsam abkühlen lassen. Nach 20 Minuten soll die Folie abgenommen werden.
Später, nachdem der marinierte Aal weiter abgekühlt ist, wird die Fischplatte in den Kühlschrank gestellt. Das Gericht kann sowohl als Vorspeise wie auch als Hauptgericht angeboten werden.

Beilagen: Rissolé-Kartoffeln oder Rösti
Weine: Muscadet oder Mâcon

Anmerkung:
Der Aal gehört unter die hochwertigen Fische der deutschen Fluß- und Seenfischerei, wobei mit einer Vielzahl von Fangmethoden vorgegangen wird. In Deutschland werden vor allem die Blankaale zu Räucheraalen verarbeitet. Dänemark, die Niederlande und Kanada sind die wichtigsten nach Deutschland exportierenden Aallieferanten.
Die Flußaale, die eine komplizierte körperliche Umwandlung durchmachen und im Laufe ihrer Entwicklungszeit lange Wanderungen hinter sich bringen – ihr Laichgebiet liegt in der Sargassosee – gehören zur Familie der Aalfische. Die Männchen sind bedeutend kleiner als die Weibchen (Männchen des Flußaals bis etwa 42 cm; Weibchen bis über 100 cm). In vielen Ländern gehören die Aale zu beliebten Delikatessen; es gibt aber auch Länder, in denen sie aus religiösen Gründen nicht gegessen werden, so Israel.

JAAP KLOSSE

Rheinaal vom Grill nach Saint-Germain

Anguille du Rhin sur gril
Saint-Germain

Aale vom Rhein, ja die gibt es wieder, und zwar in Seitenarmen des Rheins, im sogenannten Altrhein. Wichtig bei diesem Gericht ist die geschmackliche Reinheit der Fische und eine gewisse Größe, die das Grillen erlaubt. Zu junge Aale nämlich vertragen die aggressive Hitze nicht gut, besonders wenn sie gehäutet werden sollen, wie Katzenberger vorschreibt.

Zutaten für 8 Portionen:

2 Aale zu je 600 g

Salz

1 Zitrone

16 Salbeiblätter

Öl für die Holzspieße

Öl für die Grillstäbe

Vorbereitungen:
Die Aale töten und häuten. Ausnehmen und gründlich waschen. Dann in Stücke von 5 cm Länge zerschneiden. Aus diesen Stücken die Mittelgräte vorsichtig herauslösen, so daß sich die Stücke aufklappen lassen. Außen salzen. Die Zitrone schälen und in dünne Scheiben schneiden. Diese halbieren und in jedes Stück Aal eine halbe Zitronenscheibe und ein passend gezupftes Blatt Salbei stecken, dann die Öffnung wieder zuklappen. Die Fische 30 Minuten ruhen lassen, am besten im Kühlschrank.

Zubereitung:
Je 4 dieser gefüllten Aalstücke auf einen Portionsspieß stecken, aber so, daß die Form geschlossen bleibt. Das ergibt ein Portionsgewicht von 200 bis 240 g. Wenn man Holzspieße verwendet, müssen diese vorher in Öl eingelegt werden.
Auf dem Grill ohne weitere Zutaten grillen, bis das Aalfett auszutropfen beginnt.

Beilagen: Kräuterrisotto, Sauce Béarnaise, gebackene Zwiebelringe, Salat von Gurken, die in Juliennes geschnitten wurden
Wein: Badischer Traminer

RUDOLF KATZENBERGER

Filets von geräucherten Forellen in Dillgelee

Filets de truites fumées en gelée d'aneth

Küchenrohstoffe, die zu schnell beliebt, die zur kulinarischen Mode werden, sind häufig in Gefahr, zum Massenartikel abzusinken und dadurch an Qualität zu verlieren. Dies passierte zum Beispiel mit den geräucherten Forellen. Anfangs waren sie ein Geheimtip. Um sie zu genießen, suchte man Schwarzwälder Restaurants mit eigener Räucherkammer auf. Begeisterte Gäste sorgten dafür, daß die geräucherten Forellenfilets weithin bekannt wurden. Und dann fand man sie auf einmal folienverpackt in Supermärkten, ihres Aromas, ihrer delikaten Ursprünglichkeit beraubt.
Der Adlerwirt aus Rastatt verarbeitet natürlich nur die frisch geräucherten Forellen seiner Heimat.

Zutaten für 8 Portionen:

4 geräucherte Forellen

8 Blatt Gelatine

½ l halbtrockener Riesling

6 Dillstengel

Zubereitung:
Die geräucherten Forellen der Länge nach halbieren, dabei die Haut abziehen. Eine trapezförmige Pastetenform mit den Forellenhäuten auslegen (die Außenseite der Häute liegt auf den Wänden der Form auf, die Innenseite schaut nach oben). Aus der Gelatine und dem Riesling ein reintöniges Weingelee herstellen und die Häute mit diesem Gelee so weit befestigen, daß sie nicht wieder abfallen. Die Form dabei kühl halten.
Die Forellenfilets lagenweise einschichten und dazwischen jedesmal einige von den Stengeln abgestreifte Dillblätter einstreuen. Jetzt das Gelee halbflüssig eingießen und erstarren lassen. Etwa überstehende Forellenhaut nach innen umklappen und mit Gelee befestigen.
Zum Anrichten kann man diese Pastete mit der Maschine in dicke Scheiben von 80–100 g schneiden. Sie wird auf Vorspeisenplatten oder -tellern angerichtet.

Beilagen: Geschlagene Sahne mit gehacktem Dill vermischt, getoastetes Grahambrot
Wein: Scheurebenwein aus dem Markgräflerland

RUDOLF KATZENBERGER

Forellenröllchen gefüllt mit Hecht und Hummer in Schnittlauchsabayon

Paupiettes de truite farcies au brochet et au homard en sabayon de ciboulette

Man sollte für dieses Gericht schon größere Forellen (vielleicht sogar Lachsforellen) nehmen, damit man auch eine ausgiebige Menge der reichhaltigen Farce auftragen kann. Bei den Zutaten könnte man auch an andere Gerichte denken, bei der Komposition jedoch geht Armin Scherrer ganz neue Wege. Bemerkenswert an diesem Rezept ist der hohe Anteil an trockenem Wermut. Und es fällt auf, daß die Sauce hier nicht, wie sonst meist üblich, mit Crème versetzt wird.

Zutaten für 4 Portionen:
Für das Hechtmus:

150 g Hechtfilet	
Salz	
Weißer Pfeffer	
¼ l Crème fraîche	

Für den Fischfond:

Gräten, Köpfe und Haut von 8 Forellen à 300 g	
½ l Weißwein	
5 Champignons	
50 g Knollensellerie	
2 Petersilienwurzeln	

Für die Forellenröllchen:

Die Filets von 8 Forellen à 300 g	
Salz	
Pfeffer	
Saft von 1 Zitrone	
30 g Hummercorail	
2 Schalotten	
150 g Butter	
1 Tasse trockener weißer Wermut	

Für den Sabayon:

4 Eigelbe	
2 Bund Schnittlauch	
Saft von 1 Zitrone	
30 g Butter	

Vorbereitungen:
Für das Hechtmus das Hechtfleisch in grobe Stücke schneiden und zweimal durch die feine Scheibe des Fleischwolfs treiben. Dann im Elektromixer mit 2 Würfeln Roheis, Salz, Pfeffer und der Crème fraîche 3–4 Minuten fein pürieren. Diese Masse dann durch das Haarsieb streichen und in einer Schale auffangen. 30 Minuten im Kühlschrank auskühlen und binden lassen. Für den Fischfond die Forellen filetieren und die Gräten und Köpfe mitsamt der Haut zerschneiden, in einem Sautoir mit dem Wein, den Champignons, dem feingewürfelten Selleriestück und den gewaschenen Petersilienwurzeln 30 Minuten intensiv kochen, dann 20 Minuten ziehen lassen, durch ein feines Sieb gießen und den Fond etwas reduzieren. Für die Forellenröllchen die Forellenfilets mit Salz und Pfeffer würzen, dann mit dem Zitronensaft beträufeln. Die Filets mit der Hechtfarce bestreichen und mit dem Corail belegen.
Nun einrollen und mit einem Holzspieß feststecken. Die Schalotten pellen und in kleine Würfel schneiden oder auf dem Brett zerreiben. Mit dem halben Butteranteil vermengen. Diese Mischung in Flocken in ein Sautoir geben, darauf den weißen Wermut und den Fischfond gießen. Die Forellenröllchen in diese Flüssigkeit legen und 8 Minuten pochieren. Die Röllchen herausnehmen, in der Mitte halbieren und dann mit den Schnittstellen nach oben auf eine feuerfeste Platte setzen, die mit der restlichen Butter bestrichen wurde. Warm stellen.

Zubereitung:
Für den Sabayon den Fond vom Pochieren der Röllchen durch ein Sieb gießen und in einem Kasserol mit den Eigelben warm aufschlagen. Den Schnittlauch sehr fein schneiden und zufügen, den Zitronensaft und die flüssig gemachte Butter einschlagen, so daß der Sabayon schaumig wird. Der Fischfond darf beim Pochieren nicht zu viel Saft gezogen haben, sonst muß er erneut reduziert werden.
Mit diesem Sabayon die Forellenröllchen nappieren. Sie werden so auf vorgewärmten Tellern angerichtet.

Beilagen: Butterkartoffeln, Blattspinat
Wein: Trockener Badischer Weißwein, Riesling

ARMIN SCHERRER

Lachsforelle mit Corailcrèmesauce und Algen

*Truite saumonée à la sauce au corail de homard
et passe-pierres*

Bild Seite 111

Die Lachsforelle ist einer der zartesten und schmackhaftesten Fische. In diesem Surprise wird der Geschmack durch die Hechtfarce noch erhöht. Auch die Austern und der Wermut wirken entscheidend in der Komposition des Gerichtes mit. Die Passe-Pierre-Algen werden mit den Fischen aus dem Atlantik angeliefert. Diese Algenart ist besonders zart, wohlschmeckend und knackig fest, so daß man die Passe-Pierres bei flüchtigem Hinsehen für feinste Prinzeßböhnchen halten kann.

Zutaten für 6 Portionen:

3 Lachsforellen
Saft von ½ Zitrone
Weißer Pfeffer
Salz

Für die Hechtmousse:

200 g grätenloses Hechtfilet
Salz
2 Eiweiße
½ l frische Sahne

Ferner:

18 Austern mittlerer Größe (0000)
100 g Butter
4 Eßlöffel weißer trockener Wermut
⅛ l Fischfond
500 g Passe-Pierre-Algen
¼ l Crème double
2 Eßlöffel Glace de viande
Saft von ½ Zitrone
50 g Butter
4 Eßlöffel Hummermark (Corail)

Vorbereitungen:
Die Lachsforellen filieren, die Haut abziehen und die verbliebenen Gräten absuchen und herausziehen. Die Ränder glätten. Die Filets mit dem Zitronensaft, weißem Pfeffer und Salz 30 Minuten im Kühlschrank marinieren.
Für die Hechtmousse das Fischfleisch in Stücke schneiden, mit Salz, den Eiweißen im Elektromixer fein pürieren, und, wenn die Masse zu warm sein sollte, 2 Würfel Roheis mitgehen lassen. Dann die Masse in eine Schale umfüllen, durch ein Haarsieb in eine andere Schale streichen, mit der Sahne aufziehen und die Schale mit der Hechtmousse in den Kühlschrank stellen.
Die Austern öffnen und das Wasser aufheben, die Austern entbarten und auf die Fischfilets legen. Darauf die Hechtmousse streichen, so daß auch die Austern völlig damit bedeckt sind. Die Schicht sollte 2 cm dick sein.

Zubereitung:
Eine Plat russe mit Butterflocken bestücken, die Lachsforellenfilets nebeneinander mit Abstand hineinlegen, das Austernwasser dazugeben, dann auch den Wermut, den Fischfond als Spiegel um die Filets gießen und 5 Minuten im Backofen bei 220° C pochieren und soufflieren lassen.
Die Algen verlesen, wenn nötig, nur die sauberen grünen Stengelchen benutzen, diese blanchieren und wieder abschrecken, damit sie grün und knackig bleiben.
Die Filets aus dem Ofen holen, den Fond in ein Kasserol abgießen und dort auf zusammen ein achtel Liter reduzieren.
Crème double unterziehen, noch einmal aufkochen lassen, dann die Algen zufügen. Mit der Glace de viande und dem Zitronensaft abschmecken, mit der Butter montieren.
Die Plat russe unter den Salamander stellen und Farbe geben lassen, wobei die Hechtmasse auch noch einmal soufflieren soll. Die montierte Sauce autour gießen. Das Hummermark hacken und über das Gericht streuen.

Beilage: Reis
Wein: Bodensee-Riesling

ARMIN SCHERRER

Oben: *Schnitzel von Lachs mit Krebsen auf Tomatenconfit. – Escalope de saumon aux écrevisses sur confit de tomates. Rezept Seite 27*

Rechts: *Filet von Bodensee-Saibling mit grünem Pfeffer, Tomaten und Estragon. – Filet d'omble chevalier aux poivre vert et d'estragon. Rezept Seite 29*

Albert Bouley

Lachsforelle getrüffelt in Hechtmus

Truite saumonée truffée et farcie
à la mousse de brochet

Viele Feinschmecker schätzen die noch immer seltene Lachsforelle aus dem Bodensee am meisten, wenn sie frisch aus dem Räucherofen kommt. Dies ist zweifellos ein großartiges kulinarisches Erlebnis, das mit halbgrauem Brot und einem gekräuterten Blattsalat abgerundet wird. Das hier geschilderte Gericht von Bertold Siber wurde ausgewählt, weil die Füllung aus Hechtmus und Lachsmus genau in die geschmackliche Eigenart der Lachsforelle paßt.

Zutaten für 4 Portionen:

800 g Hecht
1 Lachsforelle von 450 g
200 g gebeizter Lachs
100 g Spinat mit großen Blättern
30 g Trüffeln
4 Eiweiße
Salz
Cayennepfeffer
¼ l frische Sahne
Etwas Butter zum Ausstreichen der Darioles

Für die Sauce:

½ frische Salatgurke
1 große Fleischtomate
1 Becher Joghurt
Weißer Pfeffer

Vorbereitungen:
Den Hecht filetieren, enthäuten und das Fleisch dreimal durch die feinste Scheibe des Fleischwolfs drehen. Dieses Hechtmus dann in den Kühlschrank stellen.
Jetzt die Lachsforelle filetieren. Die beiden dicken Rückenstücke in 5 cm lange Streifen schneiden, beiseite legen. Die Abschnitte der Lachsforelle für den Fleischwolf aufbewahren. Das gebeizte Lachsstück (Gravad) entgräten, falls es sich nicht sowieso um ein gräten- und hautloses Filet handelt. Dieses Stück mit den Abschnitten der Lachsforelle (genau wie das Hechtfleisch) dreimal durch die feinste Scheibe des Fleischwolfs drehen. Das Lachsmus dann auch – getrennt vom Hechtmus – im Kühlschrank aufheben.
Die Spinatblätter mit kochendheißem Wasser übergießen und nach 4 Minuten abtropfen lassen.

Die Trüffeln mit dem Rohkosthobel in dünne, jedoch möglichst große Scheiben schneiden.
2 der 4 Eiweiße halb anschlagen. Das Hechtmus aus dem Kühlschrank holen und in einer Schale mit den Eiweißen aufschlagen, mit Salz und dem Cayennepfeffer würzen. Die Hechtmusschale in eine größere Schale mit gestoßenem Roheis stellen und jetzt die eine Hälfte der frischen Sahne unter ständigem Schlagen mit dem Schneebesen tropfenweise unter das Hechtmus ziehen. Das so angereicherte Hechtmus dann in eine andere Schale umfüllen, die Oberfläche des Muses glätten, mit Pergamentpapier abdecken und diese Hechtmusschale in den Kühlschrank stellen.
In der Zwischenzeit das Lachsmus (aus Lachsforellenabschnitten und gebeiztem Lachs) aus dem Kühlschrank nehmen, mit Salz würzen (hier kommt kein Cayennepfeffer dazu!), die restlichen beiden Eiweiße anschlagen und unterziehen, dann die Lachsmusschale wieder auf gestoßenes Eis stellen und die andere Hälfte der frischen Sahne in kleinen Mengen in das Mus schlagen, bis die Masse Spannung hat. Auch dieses angereicherte Mus in eine andere Schale füllen. Die Musoberfläche glätten und mit Pergamentpapier bedecken. Die Lachsmusschale dann in den Kühlschrank stellen.
Die in Streifen geschnittenen Stücke der Lachsforelle in der Mitte zur Hälfte aufschneiden (wie zu Taschen) und jeweils zwei schwarze Trüffelscheiben einschieben. Diese gefüllten Stücke mit den blanchierten Spinatblättern umwickeln.
Nun Darioles mit kalter Butter ausstreichen, etwa 1 cm dick mit Hechtmus chemisieren, je ein umwickeltes Fischfilet in die Mitte setzen, mit dem Lachsmus auffüllen, zustreichen und mit einem Stück Alufolie bedecken.
Die Darioles ins Wasserbad stellen und den Inhalt der Förmchen im Backofen bei 220° C in 15 Minuten gar werden lassen. Die Darioles herausnehmen, 15 weitere Minuten stehen lassen und die überschüssige Flüssigkeit abgießen. Warm stellen.
Für die Sauce die Salatgurkenhälfte schälen, die Schale en julienne schneiden und blanchieren. Gründlich abtropfen lassen. Das Salatgurkenstück teilen, die eine Hälfte würfeln und tournieren.
Die Tomate vierteln, ausdrücken, fein würfeln.
Die andere Gurkenhälfte im Mixer pürieren, das Püree

mit dem Joghurt verrühren, mit Salz und Pfeffer abschmecken.

Zum Anrichten die Darioles auf die Mitten der vorgewärmten Teller stürzen, mit Gurkengoujons, Gurkenschalenjuliennes und Tomatenwürfeln umlegen, die Sauce als Spiegel gießen, jedoch die Mousse dabei nicht nappieren. Man kann die Mousse auch halbieren, um den Kern zu präsentieren.

Beilagen: Toast, Reis
Wein: Meersburger Riesling trocken

Anmerkung:
Diese Anrichteweise ist möglicherweise für das Tagesgeschäft etwas kompliziert und sensibel. Einfacher wird es, wenn man die Hechtfarce auf die vorbereiteten Filets der Lachsforellen hoch aufstreicht und noch flämmt. Dann kann man diese Filets auf Blattspinat oder à part anrichten. In diesem Fall würde die Sauce natürlich nur autour gegossen.

BERTOLD SIBER

Lachsforelle in Orangenvinaigresauce

Truite saumonée en tranches à la vinaigrette d'oranges

Dieses Gericht ist typisch für den Ästheten Bouley, der die Zutaten haarfein gegeneinander abwägt, um bestimmte Zwischentöne zu erzielen. Das macht ihm so leicht keiner nach, selbst die Meister in Frankreich nicht, die ja zum Teil viel robuster kochen. Hier ist eine entfernte Ähnlichkeit mit dem Lachs von Troisgros und dem Filet von Cipriani zu erkennen.

Zutaten für 2 Portionen:
1 Lachsforelle
50 g Butter

Für die Orangenvinaigrette:
½ Eßlöffel Sherryessig, 1 Eßlöffel Bitterorangenessig
2 Eßlöffel Traubenkernöl, 2 Eßlöffel Jungfernöl
4 Eßlöffel Weißwein
Salz, Weißer Pfeffer
1 Eßlöffel gehackte blanchierte Bitterorangenschale
2 Schalotten
3 Eßlöffel Crème fraîche

Vorbereitungen:
Die Lachsforelle filetieren und mit einer Pinzette die feinsten Gräten herauszupfen. Dann gegen die Faserung dünne Scheiben schneiden. Eine Plat russe mit Butterflocken aus der halben Buttermenge belegen und die Forellenscheiben darauf ausbreiten. Die Oberfläche mit der restlichen Buttermenge in flüssiger Form bestreichen und die Plat russe an den Herdrand stellen, damit die Filetscheiben langsam so warm werden können, daß sie pochieren. Nicht würzen!
Für die Orangenvinaigrette eine entsprechende Rührschale mit Sherryessig, Bitterorangenessig, den beiden Ölsorten Traubenkern- und Jungfernöl und dem Weißwein verrühren. Mit Salz, weißem Pfeffer und Orangenschale vermischen. Die Schalotten pellen, in feinste Würfel schneiden und zufügen. Die Crème fraîche mit dem Schneebesen darunterziehen.

Zubereitung:
Die Lachsforellenfiletschnitzel noch einmal erhitzen, aber nicht über 70° C, mit der Palette auf Teller heben und mit der etwas gewärmten Vinaigrette nappieren.

Wein: Puligny-Montrachet weiß

ALBERT BOULEY

Gedünstete Lachsschnitzel auf Sauerampfercrème

Escalope de saumon à l'oseille

Mit diesem Gericht wurde der Ruhm der Troisgrosbrüder begründet. Escalope de saumon à l'oseille ist von allen besseren, jedoch auch weniger profilierten Köchen nachempfunden worden. Das Gericht in seiner Einfachheit ist gekennzeichnet durch einen wohltuenden Kontrast von säuerlich schmeckenden Blattspitzen und relativ fettem Fisch. Der Esprit dieser Erfindung liegt im raffinierten Schmetterlingsschnitt des rohen Lachses. Im Troisgros-Restaurant wird das Lachsschnitzel tagtäglich mehrfach serviert. Eigentlich ist der Genuß dieses Gerichtes für alle Gäste zur höchst angenehmen Pflichtübung geworden.

Zutaten für 6 Portionen:

900 g Lachs

6 Eßlöffel Erdnußöl

Salz

Weißer Pfeffer

Für die Sauerampfercrème:

2 Büschel Sauerampferblätter

1/8 l herber Weißwein

4 Eßlöffel weißer Wermut

1/8 l Fischfond

2 Schalotten

0,4 l Crème double

100 g Butter

1/2 Zitrone

Salz

Weißer Pfeffer

2 Teelöffel grobes Meersalz aus der Mühle

Vorbereitungen:
Rohes Lachsfilet gegen die Faser doppelt dick auslösen, so daß jede Scheibe gut 150 g schwer ist. Jetzt sichtbar werdende kleine Gräten herausziehen. Nicht schneiden! Dann dieses Filet wie zum Cordon bleu aufschneiden, auseinanderfalten, zwischen Pergamentpapier legen und mit dem Plattiereisen bei sanftem Druck glätten. Die Linienstruktur des Lachses muß gut zu erkennen sein. Damit der rohe Lachs nicht am Papier kleben bleibt, ölt man die Innenseiten mit 2 Eßlöffeln des Erdnußöls vorher ein. So lassen sich die Scheiben wieder leicht abheben. Von einer Seite mit Salz und weißem Pfeffer würzen und sofort weiterverarbeiten.

Für die Sauerampfercrème die Sauerampferblätter abstreifen und waschen, dann abtropfen lassen und in sehr feine Streifen schneiden.

In einem Kasserol aus dem Wein, dem Wermut, dem Fischfond, der aus den Lachsgräten und Häuten gewonnen werden kann, eine Reduktion herstellen. Die Schalotten schälen, in feine Scheiben schneiden und in der Reduktion musig werden lassen. Die Flüssigkeit soll jetzt auf die Menge von 1 Tasse eingedampft sein. Die Crème double zugeben und die Flüssigkeit wieder auf die Menge von 1 Tasse einkochen. Die Sauerampferblätter zufügen, nach einer halben Minute die Reduktion vom Herd nehmen, kurz abkühlen lassen, dann die Butter in kalten Flocken montieren. Den Geschmack mit Zitronensaft, Salz und Pfeffer korrigieren.

Zubereitung:
Die restlichen 4 Eßlöffel Erdnußöl in einer Eisenpfanne heiß werden lassen. Die Sauerampfercrème auf die vorgewärmten Teller verteilen. Die Lachsschnitzel auf jeder Seite nur 30 Sekunden anbraten und sofort auf das Bett von Sauerampfer legen.

Obenauf das Salz einer Umdrehung aus der Salzmühle stäuben. Keine Beilage!

Weine: Pouilly-Fuissé oder Mâcon blanc

JEAN UND PIERRE TROISGROS

Lachs und Kalb im Blätterteigmantel mit Basilikumsauce

Saumon et veau en feuilletage
sauce au basilic

Bild Seite 54

Hans Peter Wodarz hat sich hier an die Kombination von Fisch und Fleisch gemacht, wohlweislich in geschmacklich adäquaten Arten, denn der frische Lachs vom Rückenstück und das kleine Kalbsfilet entsprechen sich in der Struktur und sind geschmacklich relativ neutral. Dennoch wird damit ein Weg beschritten, der bei weniger geschulten Köchen aufs kulinarische Glatteis führen kann. Die begleitende Basilikumsauce lenkt von einem möglichen Konflikt ab.

Zutaten für 4 Portionen:

280 g Kalbsfilet
Salz
Weißer Pfeffer
1 Eßlöffel Butter
140 g Blattspinat, gekocht
340 g Blätterteig
220 g Scheiben von geschälter Mangofrucht
Saft von 1 Zitrone
280 g frischer Lachs
1 Eigelb

Vorbereitungen:
Das Kalbsfilet unzerschnitten würzen, die Butter in ein Sautoir geben, das Filet von allen Seiten hellbraun anbraten und dann abkühlen lassen.
Den Blattspinat nach dem Kochen abtropfen lassen.
Den Blätterteig messerrückendick zu einem großen Rechteck ausrollen.

Zubereitung:
Die Etamine auf dem Tisch ausbreiten. Darauf die auseinandergezogenen Spinatblätter legen, etwa in der Größe des Kalbsfilets. Darauf die Mangoscheiben verteilen, die noch mit dem Zitronensaft beträufelt werden.
Das Kalbsfilet und den etwa gleichgroß geschnittenen Lachs nebeneinander darüberbreiten. Etwas salzen. Darauf wieder Mangoscheiben schichten und, soweit sie reichen, auch wieder Spinatblätter.
Das ganze Paket in den Blätterteig einrollen, die Seiten festdrücken und dies »Saumon et veau en feuilletage« im Kühlschrank 30 Minuten lang ruhen lassen. Mit dem verquirlten Ei bestreichen und im Backofen bei 240° C 20 Minuten lang backen. Dann in 4 dicke Scheiben aufschneiden und je eine Scheibe auf jeden der 4 vorgewärmten Teller legen.

Beilagen: Basilikumsauce, junges Gemüse
Wein: Condrieu-Weißwein

Anmerkung:
Der Teigmantel mindert oft die Eleganz einer gastronomischen Komposition. Von Gästen wird er sogar auf dem Teller liegengelassen. Wichtig ist jedoch seine Funktion als harmonisierender Aroma- und Hitzeschutz. Ich könnte mir also dieses besonders wertvolle Gericht auch mit allen Zutaten nebeneinander auf dem Teller angerichtet vorstellen. Besonders der weichen Mangofrucht würde das gut tun. Möglicherweise als Chausson.

HANS PETER WODARZ

Lachsfilet im Blätterteighaus mit Estragonrahm und Froschschenkeln

Feuilleté de saumon à la crème d'estragon et de grenouilles

Bild Seite 30

Die Rahmsauce soll bei diesem Gericht in den Blätterteig eingegossen werden. Das kann natürlich nur in letzter Sekunde geschehen, soll der Blätterteig Charakter und Rolle in dieser kulinarischen Komposition nicht verlieren. Ist das À-la-minute-Service jedoch nicht möglich, sollte man à part saucieren. Der Fisch muß aber dennoch kurz nappiert angerichtet werden, weil er sonst vermutlich zu trocken sein dürfte.

Zutaten für 8 Portionen:

1 kg Lachs
1 Schalotte
0,5 l Elsässer Riesling
0,3 l Fischfumet
Salz
Weißer Pfeffer
400 g Blätterteig
0,3 l Sahne oder Crème fraîche
2 Zweige Estragon
40 Spargelspitzen
16 Froschschenkel

Vorbereitungen:

Das Stück Lachs häuten und entgräten und in 16 Würfel schneiden, falls nicht schon Filet gekauft wurde.

Die Schalotte pellen und fein würfeln, dann in einem Kasserol mit dem Riesling, dem Fischfumet, Salz und weißem Pfeffer 5 Minuten durchkochen, die Lachsstücke einlegen und noch 3 Minuten pochieren, jedoch nicht über 70° C heiß werden lassen, damit die Lachsstücke saftig bleiben.

Den Blätterteig dünn ausrollen, in 8 gleichgroße Rechtecke schneiden, auf ein bemehltes Blech legen und im Backofen hellbraun knusprig backen. Die Stücke sollen voll aufgehen und blättern. In der Mitte halbieren. Warm stellen.

Die Fischstücke aus dem Sud heben, die Crème fraîche in die Flüssigkeit rühren, auf die halbe Menge einkochen, dann das Kasserol vom Herd nehmen und die Estragonblätter in die Sauce streuen.

Zubereitung:

Zum Anrichten die warmen Blätterteigstücke auf eine warme Platte legen oder auf 8 vorgewärmte Teller verteilen. Auf jedes Teigstück zwei Lachswürfel oder eine Lachsportion setzen, darauf kommen jeweils 5 Spargelspitzen und 2 pochierte entbeinte Froschschenkel. Darüber soviel der cremigen Sauce gießen, wie Fisch und Spargel brauchen, um bedeckt zu sein. (Alles muß blitzschnell geschehen können, sonst – siehe Einleitung – à part saucieren!)

Beilage: Kleiner Salat
Wein: Elsässer Riesling

Anmerkung:

Wie eingangs erwähnt, kann diese Anrichteweise nicht nur für die À-la-minute-Küche verwendet werden, sondern sie verlangt auch ein überaus schnelles exaktes Service, bevor die Sauce das Gebäck zerstört hat. Die klassische Küche serviert solche Teigstücke, die sich bei hellen Saucengerichten so gut machen, deshalb sicherheitshalber à part. Meistens als Fleuron oder Fisch. In Frankreich wird gerne die Form des Chaussons gewählt, wobei der Gast nicht gezwungen wird, den saucierten Boden aufzuessen.

EMILE JUNG

Lachsklößchen überbacken

Quenelles de saumon florentine

Zu diesem Gericht kann man gut die kleineren Lachsstücke verwenden, die beim Parieren der Medaillons und der Koteletts entstehen.

Zutaten für 6 Portionen:
900 g Lachsabschnitte ohne Gräten und Haut
1 l süße Sahne
Salz
Weißer Pfeffer

Für den Fond:
Lachsgräten und -haut, eventuell auch -kopf
1 Zwiebel
Salz
Weißer Pfeffer
1 l Weißwein
Blattspinat für den Sockel
Sauce hollandaise

Vorbereitungen:
Das Lachsfleisch in Stücke zerschneiden und im Mixer mit 4 Würfeln Roheis pürieren. Die Sahne etwas anfrieren lassen und mit hineinarbeiten, mit Salz und weißem Pfeffer abschmecken. Diese Lachsklößchenmasse im Kühlschrank 2 Stunden ruhen lassen.
Jetzt den Fond bereiten. Hierzu Lachsgräten, -haut und eventuell auch -kopf gründlich waschen und einmal blanchieren. Dann in einem Topf mit der Zwiebel, Salz, Pfeffer, dem Weißwein 40 Minuten bei schwacher Hitze kochen. Dann in einen zweiten hochwandigen kleineren Topf abseihen und erneut zum Kochen bringen. Die Hitze jetzt wieder verringern.

Zubereitung:
Die Klößchenmasse aus dem Kühlschrank holen, mit einem Mittellöffel (Dessertlöffel) entsprechend große Quenelles abstechen und im heißen Lachsfond ziehen lassen. Die Klößchen herausnehmen und abtropfen. Blattspinat als Sockel auf den Tellern verteilen. 4 der Lachsklöße daraufgeben. Mit Sauce hollandaise nappieren und flämmen.

Beilage: Fischförmige Fleurons
Wein: Ortenauer Riesling Spätlese

RUDOLF KATZENBERGER

Lachsschnitzel mit Kohlrabischeiben in Champagner

Escalope de saumon aux choux-raves et au Champagne

Es handelt sich hierbei um normal portionierte Lachsstücke, nicht um Schnitzel à la Troisgros.

Zutaten für 4 Portionen:
350 g Lachsfilet oder 800 g Lachs wie gewachsen
Salz, Weißer Pfeffer
1 dl Champagner

Für die Kohlrabi:
3 junge Kohlrabiköpfe
175 g Butter
1 dl Brut-Champagner
1 dl Lachsfumet
1 dl Crème fleurette
Saft von ½ Zitrone
Salz, Weißer Pfeffer
½ Bund Kerbel
Schnittlauch

Vorbereitungen:
Den Lachs in Medaillons schneiden, mit Salz und weißem Pfeffer würzen und in einer Schale mit Champagner übergossen stehen lassen. Die Kohlrabi schälen, in Scheiben schneiden. In einem Sautoir 75 g der Buttermenge aufschäumen und die Kohlrabischeiben darin hellbraun angehen lassen, mit Champagner deglacieren, die Scheiben herausstechen.

Zubereitung:
Den Fond von den Kohlrabischeiben mit dem Champagner stark reduzieren, mit dem Lachsfumet auffüllen, wieder auf die halbe Menge reduzieren, dann die Crème fleurette zugießen, mit dem Zitronensaft, Salz und weißem Pfeffer vollenden. Zum Anrichten die Kohlrabischeiben in dieser Sauce erneut wärmen.
Die Lachsmedaillons mit dem Champagner, der restlichen Butter und etwas Lachsfumet kurz auf einer Plat russe fest werden lassen. Die Lachsmedaillons müssen aber dabei innen rosa bleiben. Auf den Kohlrabischeiben, die auf vorgewärmten Tellern verteilt werden, anrichten. Die Kerbelblätter hacken, den Schnittlauch schneiden und unvermischt auf das Gericht streuen.

Wein: Champagner

HENRI LÉVY

Lachsscheiben auf gedünstetem Gemüse in der Papiertasche

Saumon en papillote étuvé aux légumes

Michel Guérard schuf hier eine eigenwillige Variante in der Gruppe der Lachsscheibengerichte, von denen es bekanntlich eine Fülle gibt. Auch bereicherte er die Sammlung der Papillote-Gerichte, die sonst eher brav sind, durch originelle Akzente. Das gekräuterte Gemüsebett ist dagegen keine Seltenheit, auch bei Fischgerichten. Guérard liebt – wie Chapel – die Überspitzung. Das Gemüse wird im Rezepttitel zu Recht betont, denn es ist ein wichtiger Geschmacksträger, während der Lachs mit anderen Fischen austauschbar ist und, besser noch, mit dünnen Fleischtranchen nach Art der Paillards ausgewechselt werden kann.

Zutaten für 4 Portionen:

200 g Möhren

200 g Champignons

150 g Zwiebeln

100 g Butter

Salz

Weißer Pfeffer

2 Eßlöffel gehackte Estragonblätter

4 Eßlöffel Erdnußöl

Ferner:

500 g Lachsfilet

Salz

Weißer Pfeffer

2 Schalotten

2 Eßlöffel gehackte Estragonblätter

60 g Butter

2 Eßlöffel Weißwein

1 Eßlöffel Hühnerfond

½ Tasse Erdnußöl

Vorbereitungen:
Möhren, Champignons und Zwiebeln putzen, waschen, en juliennes schneiden. In einem Sautoir die Butter zerlassen und die Streifen von Möhren und Zwiebeln darin glasig werden lassen, erst dann die Champignons zugeben und unter ständigem Umwenden 5 Minuten angehen lassen. Die Gemüse sollen danach immer noch nicht verfärbt sein. Den Topf vom Herd nehmen, die Gemüse salzen und pfeffern, den Estragon einmischen.

Das Sautoir mit einem Deckel verschließen und das Gemüse weitere 2 Minuten ziehen, dann abkühlen lassen.

Zubereitung:
Aus Alufolie oder Pergamentpapier 4 kreisrunde Stücke schneiden und auf einer Seite mit dem Erdnußöl einstreichen. Auf jedes der 4 Rundplättchen einen gehäuften Löffel von gedünstetem Gemüse setzen.
Den Lachs tranchieren und die feinen Gräten eventuell mit einer Pinzette herausziehen. Auf jedes Gemüsehäufchen kommen 3 dünne Lachstranchen. Mit Salz und weißem Pfeffer würzen. Die Schalotten würfeln und darüberstreuen, ebenso die gehackten Estragonblätter. Mit Butterflocken bedecken, mit dem Weißwein und dem Hühnerfond beträufeln. Jetzt die Alufolien- oder Pergamentkreise so umknicken, daß halbkreisförmige Taschen entstehen (innen drin ist die Lachs-Gemüsefüllung), die Taschenränder fest aneinanderkneifen und so die Taschen verschließen.
Ein Backblech mit kleinem Rand mit dem Erdnußöl bestreichen und den Backofen auf 180° C vorheizen. Dann dieses Blech 5 Minuten darin erwärmen.
Die Alufolien- oder Pergamenttaschen auf das Blech legen, und zwar so, daß sie sich nicht berühren. Das Blech in den Backofen schieben. Die Garzeit der Lachsscheiben im Backofen beträgt 10–12 Minuten.
Auf vorgewärmten Tellern anrichten.

Beilage: Kartoffelschnee
Wein: Sancerre

MICHEL GUÉRARD

Schnitzel von Lachs mit Krebsen auf Tomatenconfit

*Escalope de saumon aux écrevisses
sur confit de tomates*

Bild Seite 18

»Das ganze Arrangement enthält nur Rottöne«, schreibt der Ästhet Bouley. Aus allen seinen Rezepten ist die sensible Natur zu spüren, die seine Cuisine auszeichnet. Dieses Rezept hat oberflächlich gesehen Ähnlichkeit mit den Lachsschnitzeln anderer Chefs, wurde aber meisterlich weiterentwickelt.

Zutaten für 4 Portionen:

1000 g Lachs

50 g Butter

4 Eßlöffel herber Weißwein

1 Eßlöffel trockener weißer Wermut (Noilly Prat)

Für das Confit:

500 g vollreife aromatische Tomaten

Salz

Schwarzer Pfeffer

2 Schalotten

1 Zweig Estragon

6 Stengel Kerbel

4 Blätter Basilikum

2 Eßlöffel geschnittener Schnittlauch

1 Teelöffel Sherryessig

3 Tropfen Olivenöl

Ferner:

16 Krebse

Salz

¼ Lorbeerblatt

1 Büschel Dill

Für die Garnitur:

Ausgesucht schöne Dill- und Estragonzweige

Vorbereitungen:
Den Lachs in Schnitzel von 3 mm Dicke schneiden und dies gegen die Faserung.
Eine Platte mit der Butter ausstreichen, darauf die Lachsschnitzel ausbreiten, so daß sie voneinander getrennt liegen, mit dem Weißwein und dem Wermut beträufeln, sonst kein Gewürz dazutun.
Für das Confit die Tomaten einritzen, blanchieren, enthäuten, teilen, ausdrücken, dann das Tomatenfleisch ½ Minute mixen (nicht länger, damit es nicht separieren kann). Das Tomatenpüree in einem Sautoir mit dem Salz, dem schwarzen Pfeffer, den gepellten und gewürfelten Schalotten, dem Estragon, Kerbel und Basilikum, dem Schnittlauch, dem Sherryessig und dem Olivenöl leicht erwärmen (nur lauwarm werden lassen).

Zubereitung:
Der Lachs wird auf den Tellern angerichtet und diese kommen in den vorgeheizten Backofen bei geringer Hitze, etwa 120° C, so daß die Lachsschnitzel sich erwärmen, aber ihre rosa Farbe nicht verlieren. (Die Schnitzel können aber auch auf einer Ofenplatte oder einer Plat russe gewärmt und dann auf warmem Teller serviert werden.)
Die Krebse schnell in gesalzenem Wasser, in das Lorbeer und Dill kommen, töten, kurz nachziehen lassen, ausbrechen, wobei aber der Schwanz mit dem Körper verbunden bleiben soll. Diese Krebse werden (jeweils 4 für eine Portion) am Rand der Teller oder auf den Lachsschnitzeln angeordnet. Der Lachs wird auf dem Confit de tomate angerichtet. Mit den Dill- und Estragonzweigen dekorieren.

Wein: Sancerre

ALBERT BOULEY

Roher Lachs auf Kräuterschaum

Saumon cru sur mousseline aux herbes

Zeitweise gab es kein Restaurant von Rang, daß diesen rohen Lachs nicht anbot. Wichtig ist die außerordentliche Frische der Fische und daß man die Scheiben nach dem Beträufeln mit Zitronen- oder Limonensaft und Olivenöl einige Minuten stehen läßt. Es bilden sich dann auf den Schnittflächen, die von Natur hellrosa sind, weiße Stellen, und nun muß serviert werden. Die Brüder Troisgros stellen die Lachsscheiben unter den Salamander, Armin Scherrer hier läßt sie roh auf dem Kräuterschaum, der bei den Troisgros bekanntlich nur aus Sauerampfer und Sahne besteht.

Zutaten für 6 Portionen:
650 g Lachsfilet ohne Haut
1½ Teelöffel Gros sel (gestoßenes Meersalz)
Schwarzer Pfeffer
2 Zitronen
3 Eßlöffel Jungfernöl

Für den Kräuterschaum:
1 Bund Dill
1 Bund Pimpinelle
1 Bund Melisse
½ Bund Basilikum
½ Kästchen Gartenkresse
1 Bund Schnittlauch
6 Eßlöffel Crème fraîche
2 Spritzer Tabascosauce
Saft von ½ Zitrone
Salz
Weißer Pfeffer

Für die Garnitur:
6 Radieschen
1 Bund Kerbel

Vorbereitungen:
Das Stück Lachs in schräge dünne großflächige Tranchen schneiden und diese gleich auf kalten Platztellern in der Mitte nebeneinander ausbreiten.
Gestoßenes Meersalz (Gros sel), schwarzen Pfeffer, den Saft der Zitronen und das Jungfernöl darüber geben und den Lachs so einige Minuten stehen lassen.

Das Schalengelb der Zitronen in Juliennes schneiden, zusammen etwa 2 Eßlöffel voll. Diese Juliennes für die Garnitur aufheben.
Die Kräuter Dill, Pimpinelle, Melisse, Basilikum, Gartenkresse verlesen, waschen, fein hacken, den Schnittlauch waschen und schneiden. Alle Kräuter in einem Tuch oder einer Saftpresse ausdrücken und den Saft in eine Schale auffangen.

Zubereitung:
In diesen grünen Saft die Crème fraîche rühren, mit dem Tabasco, dem Zitronensaft, Salz und weißem Pfeffer würzen.
Diesen Kräuterschaum auf 6 Platzteller als Spiegel zur Mitte gießen, die Lachstranchen jetzt mit einer Palette umheben, so daß die Oberfläche intakt bleibt, auf den Kräuterschaum setzen.
Die Radieschen in Juliennes schneiden, die Kerbelblätter zupfen und mit den Zitronenjuliennes obenauf streuen.

Beilage: Grahambrot-Toast
Wein: Sancerre

ARMIN SCHERRER

Filet von Bodensee-Saibling
mit grünem Pfeffer, Tomaten und Estragon

Filet d'omble chevalier
au poivre vert et d'estragon

Bild Seite 19

Ein Rohstoff aus der eigenen Landschaft, der mit einigen Zutaten recht ungewöhnlich gemacht wird. Dennoch entsteht hier ein Gericht, bei dem der Fisch naturell behandelt und gewürzt wird. Nußöl und Trüffelsaft werden hier als zusätzliche würzende Zutaten verwendet. Der Bodensee-Saibling übrigens gehört in die Familie der Lachse.

Wie bei allen Fischgerichten, sind die guten Köche bemüht, keine zu aufdringlichen Beilagen zu wählen. Mit dem angegebenen Cayenne muß man deshalb äußerst vorsichtig umgehen. Auch sollte das Tomate concassée nicht zu stark reduziert werden, sondern naturell und flockig bleiben. Trüffel und gutes Olivenöl geben nur eine zarte Begleitmusik. Wer keine Saiblinge bekommt, könnte das Gericht mit Schleien oder Petermännchen versuchen.

Zutaten für 4 Portionen:

4 fangfrische Saiblinge
4 Tomaten
50 g Butter
1 Eßlöffel Trüffelsaft aus der Dose
1 Eßlöffel kaltgepreßtes Olivenöl
1 Teelöffel Walnußöl
2 Schalotten
Salz
1 Messerspitze Cayennepfeffer
2 Eßlöffel grüne Pfefferkörner
1 Bund Estragonblätter
2 Eßlöffel schwarze Trüffeln in groben Spänen

Vorbereitungen:
Die Saiblinge in der Mitte der Länge nach halbieren, mit einer Pinzette die Mittelgräte mit den feinen anhängenden Gräten aus dem rohen Fleisch herausholen, die Fischhaut abziehen.
Die Tomatenhaut einritzen, die Tomaten in kochendheißes Wasser legen, herausnehmen, enthäuten, halbieren, mit leichtem Druck die Kerne und den Saft herausdrücken, die man nicht mehr braucht. Die Tomatenhälften in grobe Stücke zerschneiden, in einem Kasserol mit der Butter, dem Trüffelsaft und dem Olivenöl erwärmen, so daß eine leichte Bindung entsteht.

Zubereitung:
Eine ovale Fischplatte mit der halben Menge des Walnußöls bestreichen, die gewiegten Schalotten daraufstreuen und darüber die gesalzenen Saiblingfilets legen. Sehr schwach mit Cayennepfeffer bestäuben.
Die grünen Pfefferkörner zwischen den Fingern etwas zerdrücken und auf die Saiblingfilets streuen.
Die Estragonblätter ganz, aber ohne Stengel, darüberverteilen.
Die Oberfläche wieder mit Walnußöl bestreichen beziehungsweise beträufeln.
Die Fischplatte in den warmen Backofen schieben (bei etwa 150° C) und die Filets kurz ziehen lassen, wobei nach 2 Minuten mit der Palette einmal umgewendet werden muß. Der Garpunkt ist erreicht, wenn die einzelnen Fleischfasern unter leichtem Druck gerade nachgeben.
Vor dem Anrichten die Pfefferkörner und die Estragonblätter wieder vom Fischfilet abstreifen. Die Filets auf vorgewärmten Tellern verteilen.

Beilagen: Das mit Trüffelsaft und Trüffelspänen angerichtete Tomaten-Concassée. Eventuell noch gebutterte hausgemachte Bandnudeln. Keine Sauce
Wein: Meersburger Sängerhalde, trocken, Riesling

ALBERT BOULEY

Oben: Lachsfilet im Blätterteighaus mit Estragonrahm und Froschschenkeln. – Feuilleté de saumon à la crème d'estragon et de grenouilles.
Rezept Seite 24

Rechts: Zander in Krebssauce, Krebsschwänze in Blätterteig und Trüffeln. –
Sandre braisé et truffé aux écrevisses. Rezept Seite 32

Emile Jung

Französische Karpfensuppe

Soupe à la carpe

Man denkt bei dieser Karpfensuppe sofort an die ungarische Halászlé. Aber sie wird natürlich ohne Paprika zubereitet, der als Gewürz in der französischen Küche merkwürdigerweise keinen Platz hat.

Zutaten für 4 Portionen:

1,5 kg Karpfen
1 Schalotte
1 Kräutersträußchen
2 Knoblauchzehen
Salz
500 g Spinat
400 g Sauerampfer
200 g Petersilie
100 g Kerbel
10 Blatt Estragon
100 g Gartenkresse
100 cl Crème double
Weißer Pfeffer
4 Eßlöffel Mehl
Öl für die Fritüre

Vorbereitungen:
Den Karpfen ausnehmen, den Rücken filetieren, die Haut abziehen. Gräten und Köpfe zerschlagen und in einer Sauteuse mit Schalotte, Kräutersträußchen, den beiden Knoblauchzehen, 3 l Wasser und etwas Salz 10 Minuten kochen, dann durch ein Sieb in einen anderen Topf abseihen. Den Spinat waschen, verlesen und die größeren Blattrippen herausreißen. Das gleiche mit dem Sauerampfer machen, auch Petersilie, Kerbel, Estragon und Kresse waschen, verlesen. Den Spinat und alle Kräuter auf dem Brett grob hacken. Den Fond mit den Kräutern vermischen und nur kurz aufstoßen lassen. Die Crème double einrühren.

Zubereitung:
Die Fischfilets in portionsgerechte kleine Stücke schneiden, salzen, pfeffern, in Mehl wenden, in der Ölfritüre goldbraun backen. In tiefen Tellern anrichten.

Beilage: Croûtons

JEAN UND PIERRE TROISGROS

Zander in Krebssauce, Krebsschwänze in Blätterteig und Trüffeln

Sandre braisé et truffé
aux écrevisses
Bild Seite 31

Daß der feinsäuerliche Riesling aus dem Elsaß gut zum Zander paßt, ist verständlich. Gewagt ist Emile Jungs Zusammenstellung mit 4 Kräutern, deren jedes einen hervortretenden Eigengeschmack hat.

Zutaten für 8 Portionen:

150 g Butter
2,5 kg Zander im ganzen Stück
Salz
Weißer Pfeffer
2 Schalotten
1 Büschel Brunnenkresse
1 Büschel Kerbel
2 Eßlöffel oder ½ Tasse von den Stielen abgestreifte Sauerampferblätter
2 Eßlöffel vom Zweig abgestreifte Estragonblätter
100 g rohe Zuchtchampignons
0,6 l Elsässer Riesling
½ l Crème fraîche

Vorbereitungen:
Die Hälfte der Butter in kalten Flocken auf den Boden und die Wände einer großen Fischofenplatte streichen. Den Zander waschen, abtropfen lassen und unzerschnitten darauflegen. Von oben salzen und pfeffern. Die Schalotten pellen und auf dem Brett fein zerhacken, dann über den Fisch streuen. Die Kräuter grob zerschneiden und ebenfalls über den Fisch verteilen. Die Champignons putzen und in feine Scheiben schneiden, mit dem Riesling als letztes über den Fisch geben.

Zubereitung:
Die Platte in den auf 200° C vorgeheizten Backofen schieben und den Fisch in 25 Minuten garziehen lassen. Die Fischhaut abnehmen und den Fisch auf eine vorgewärmte Servierplatte umheben. Warm stellen. Den Fischfond in ein Kasserol umfüllen, die Crème fraîche zugeben und die Sauce auf sämige Konsistenz einkochen. Das Gewürz kontrollieren. Den Fisch zunächst ganz präsentieren, dann auf die Teller verteilen.

Beilagen: Kartoffelschnee, Kleiner Salat
Wein: Elsässer Riesling

EMILE JUNG

Hechtklöße nach der Mutter Olga

Quenelles de brochet à la mère Olga

Bild Seite 79

Immer wieder reizt es die Küchenchefs, neue Hechtklößchenvarianten zu erfinden. Man denke zum Beispiel an Paul Haeberlins Froschschenkel in Hechtklößen; und es fallen einem auch Kombinationen von Hechtklößen mit Kressesaucen oder Hummerragout ein.

Anton Mosimann entwickelte eine neue Variation, die ich hier vorstelle. Außer der geschmacklichen Harmonie von Hechtklößchen mit Spinat, Champignons, Krebsen und Trüffeln entsteht noch ein in jeder Beziehung attraktiver optischer Eindruck.

Zutaten für 4 Portionen:

250 g grätenfreies Fleisch vom Süßwasserhecht

50 g Roheisstücke

Salz

Weißer Pfeffer

1 Eiweiß

2,5 dl frische Sahne

Für den Pochierfond:

½ l Weißwein

20 g Schalotten

40 g Champignonstiele

1 Kräuterstrauß

Für den Spinat:

200 g blanchierte Spinatblätter

40 g Butter

10 g Schalotten

Für die Saucen:

2 dl Weißweinsauce

2 dl Krebssauce

50 g Butter

2 dl frische Sahne

Als Garnitur:

20 g Trüffeln

8 Krebsschwänze

½ Zucchinigurke

4 Fleurons

40 g Malossol-Kaviar

Vorbereitungen:

Das Hechtfleisch ohne Haut und Gräten in einem Elektromixer mit Roheis pürieren und sofort kalt stellen. Am besten die Schale in gestoßenes Eis setzen. Salz und Pfeffer zugeben und das Eiweiß einarbeiten, nach und nach auch die Sahne, so daß eine glatte Masse entsteht. Diese Masse jetzt durch ein Haarsieb streichen. Mit 2 Eßlöffeln die Masse in 8 gleichgroße Teile formen und als Klöße im Fond pochieren.

Für diesen Pochierfond den Wein in einem Kasserol auf die halbe Menge reduzieren. Dazu die Gräten vom Hecht, die geschnittenen Schalotten und Champignonstiele, die Butter und den Kräuterstrauß geben, 10 Minuten lang kochen, mit 2 Tassen Wasser aufgießen, wieder 5 Minuten kochen und passieren. In diesem Fond die Hechtklöße fest werden lassen; sie bleiben bis zum Anrichten darin.

Die Spinatblätter unzerschnitten mit der Butter und den gewürfelten Schalotten 10 Minuten lang dämpfen. Dabei soll die Flüssigkeit weitgehend verdampfen. Die beiden Saucen (Weißweinsauce und Krebssauce) mit der Butter montieren und die Sahne einrühren, so daß die Saucen vollendet werden.

Zubereitung:

Die Spinatblätter locker auf die Tellermitten geben, darauf die Hechtklöße paarweise anrichten.

Die Trüffeln in dünne Scheiben schneiden und diese in feine Fäden, die in die Weißweinsauce gegeben werden. Die Krebsschwänze kommen in die Krebssauce.

Je ein Hechtkloß wird mit getrüffelter Weißweinsauce, der andere mit Krebssauce und den Krebsschwänzen übergossen.

Dazu pochierte Goujons von Zucchini legen.

Die Fleurons in der Mitte halbieren, mit kaltem Kaviar füllen und wieder zudecken. Diese gefüllten Fleurons werden à part serviert.

Beilagen: Reis oder Kartoffelschnee
Weine: Sancerre oder Pouilly Fumé

ANTON MOSIMANN

Hechtauflauf mit Spinat und Hummer in Basilikumsauce

*Timbale de brochet aux épinards
et au homard, sauce basilic*

Hier wird eine klassische Platte in neuer Kombination vorgestellt. Als Timbale kann das Gericht für Bänketts gereicht werden.

Man kann den Auflauf auch in Kastenformen, Portions-Darioles oder Cassolettes zubereiten.

Zutaten für 4 Portionen:

200 g Hechtfleisch

Salz

Weißer Pfeffer

4 Eßlöffel frische Sahne

200 g Blattspinat

10 g rohes Hummermark

10 g Butter

Für die Sauce:

1 dl trockener Weißwein

½ dl weißer trockener Wermut

4 dl frische Sahne

30 g Butter

1 Eßlöffel Basilikumblätter

Salz

Ferner:

4 große Champignonköpfe

Vorbereitungen:
Zuerst eine Hechtmousseline bereiten, die später in zwei »Farben« geteilt wird. Hierfür das Hechtfleisch mit Salz und weißem Pfeffer im Elektromixer mit ½ Tasse gestoßenem Roheis 5 Minuten lang pürieren, dann sofort in eine Schale umfüllen. Die Sahne stark kühlen und mit dem Spatel langsam unterziehen.
Die Mousseline dann 30 Minuten im Kühlschrank anziehen lassen.
Den Spinat verlesen, falls nötig, in leicht gesalzenem Wasser blanchieren, abschrecken und abtropfen. Die Blätter grob zerschneiden.
Die Mousseline dritteln. Den ersten Teil naturell belassen, den zweiten Teil mit dem geschnittenen Spinat und den dritten Teil mit dem Hummermark vermischen. Geschmack korrigieren. Die Timbale mit der Butter einfetten. In das untere Drittel die Naturell-Mousseline füllen und die Oberfläche glattstreichen. Dann die grüne Mousseline daraufgeben, wieder die Oberfläche glattstreichen und zuletzt die Hummer-Mousseline daraufschichten. Zum letzten Mal die Oberfläche glattstreichen, mit einem Blatt Pergamentpapier abdecken. Den Backofen auf 180° C vorheizen. Einen Topf mit Wasser als Bain-Marie einrichten, die Form hineinstellen und den Hechtauflauf 20 Minuten pochieren. Warm stellen.
Für die Sauce den Weißwein mit dem Wermut auf ein Drittel reduzieren, mit der Sahne aufschlagen, wieder auf die alte Menge reduzieren.
Die Butter cremig erwärmen, mit den geschnittenen Basilikumblättern verrühren, 20 Minuten abkühlen lassen, die Sauce mit den Butterflocken montieren, salzen.

Zubereitung:
Die Timbale auf eine Platte in entsprechender Größe oder auf vorgewärmte Teller stürzen. Die Sauce als Cordon angießen, den Rest separat reichen. Die Champignonköpfe obenauf legen. Wer will, kann sie vorher tournieren.

Beilagen: Reis, Kopfsalat
Wein: Rheingauer trockener Riesling

ANTON MOSIMANN

Soufflé von Rougets auf jungem Porree

Soufflé de rougets sur poireau

Wichtig erscheint mir in diesem Text die Angabe von Lothar Eiermann, daß der Fond »hummerartig« zu schmecken habe. Dadurch wird deutlich, welchen »Touch« dieses Gericht haben soll. Man muß gewissermaßen Südfrankreich auf der Zunge spüren. Um dies zu erreichen, um möglichst viel dieses Aromas einzufangen und zu erhalten, wird der Fischfond immer wieder reduziert und konzentriert.

Zutaten für 2 Portionen:
Für den Fond:

4 kleine Rougets

¼ l herber Weißwein

40 g Butter

2 Schalotten

Salz

weißer Pfeffer

1 Messerspitze Kümmel

Für das Soufflé:

⅛ l frische Sahne

Salz

Weißer Pfeffer

2 Eiweiße

10 g Butter

Für den Porree (Lauch):

2 junge Porreestauden (Lauchstauden)

40 g Butter

Salz

Weißer Pfeffer

Für die Sauce:

⅛ l frische Sahne

1 Eigelb

Vorbereitungen:
Die Fische filetieren. Die Filets entweder durch den Wolf drehen (mehrfach bei kleinster Scheibe) oder im Elektromixer kurz kuttern, eventuell mit Roheis versetzt. Dann herausnehmen und kalt stellen.
Die Gräten und Köpfe kalt waschen. Auf einem Sieb abtropfen lassen. Den Weißwein auf die halbe Menge einkochen.

In einem Kasserol die Butter zerlaufen lassen, die Schalotten pellen und in feine Scheiben schneiden, in der Butter angehen lassen, ohne, daß sie Farbe nehmen, die gewaschenen Fischgräten und -köpfe darauflegen. Nach 2 Minuten den reduzierten Wein draufgießen, mit Salz, weißem Pfeffer und dem Kümmel würzen. 15 Minuten bei kleiner Hitze auskochen, dann im Spitzsieb ablaufen lassen und beiseite stellen. Die Fischgräten und -köpfe fortwerfen.

Zubereitung:
Die Fischmasse mit der Sahne aufarbeiten, salzen und pfeffern. Die Eiweiße steif schlagen und auch diese sehr vorsichtig unterziehen. Kühl halten. Portionsformen mit Butter ausstreichen und zu dreiviertel mit der Rouget-Masse füllen, in ein Wasserbad stellen und dieses bei 200° C 15 Minuten in den Ofen setzen, damit die Soufflés aufgehen und gar werden.
Den Porree oben und unten abschneiden, so daß nur der weiße Mittelteil übrig bleibt. Diesen in Stücke von 1 cm Länge schneiden und in einem Kasserol mit der Butter ohne Zugabe von Flüssigkeit, also »im eigenen Saft« dünsten. Mit Salz und weißem Pfeffer würzen.
Den Saucenansatz nochmals reduzieren, mit der Sahne aufschlagen, wieder reduzieren, dann das Eigelb unterziehen und warm halten.
Zum Anrichten die Porreestücke auf warmen Tellern ausbreiten, darauf, je nach Größe, ein oder zwei der Soufflés stürzen und die nappierfähige Sauce autour gießen.

Beilage: Reis
Wein: Verrenberger Riesling

LOTHAR EIERMANN

Mousse von Rougets de roche und Lachs in Kohlformen mit Sauce Chirouble

Mousse de rougets de roche aux feuilles de choux blanc saumon et sauce au Chirouble

Die Rougets haben ein besonders festes Fleisch und ergeben eine ebensogute Klößchenfarce wie das Fleisch des Hechtes. Dazu kommen der Lachs und rote Beaujolaisbutter. Man muß darauf achten, daß die Soufflémasse nicht zu fest gerät. Die Formen mit einem Kohlblatt auszulegen ist eine gute Lösung, die zudem hilft, den Höhenflug der Einfälle in einem Gericht wie diesem etwas zu bremsen und ihm einen Hauch von Bodenständigkeit zu verleihen.

Zutaten für 4–6 Portionen:

12 Rougets
80 g Lachsfilet
Salz
Weißer Pfeffer
2 cl Armagnac
2 Eier
1 Eiweiß
4 gewässerte Sardellenfilets
120 g Sahne
100 g Crème fraîche
½ Kopf Weißkohl
Salz
Etwas Butter zum Auskleiden der Formen

Für die Sauce Chirouble:

200 g Butter
Salz
Weißer Pfeffer
⅛ l Chirouble

Vorbereitungen:
Die Rougets ausnehmen und die Innereien separat aufheben. Die Rougets dann filieren und in kleine Stücke oder Streifen zerschneiden. Mit dem Lachs in eine Schale legen, zusammen mit Salz, weißem Pfeffer und dem Armagnac. Nach 30 Minuten die Marinade abgießen, aber aufheben. Die beiden Eier, das Eiweiß, die Sardellenfilets, die Sahne und die Crème fraîche im Mixer pürieren. Die Filetstücke der Rougets zugeben, wieder etwa 2 Minuten pürieren, dann die Innereien zufügen und auch die Marinade der Filets und abwarten, daß sich die Masse im Mixer zu binden beginnt. Dann den Mixer auf höchste Tourenzahl schalten und 2–3 Würfel Roheis zufügen. Die Masse herausnehmen und im Kühlschrank 2 Stunden zugedeckt ruhen und weiter abbinden lassen.

Den Weißkohl putzen, den Stiel herausschneiden, den Kopf in gesalzenem Wasser 10 Minuten blanchieren, dann abkühlen lassen, das Wasser abgießen, die Blätter auseinanderfalten und die größeren Blattrippen entfernen.

Zubereitung:
Diese Blätter in gebutterte Formen einfüllen, so daß die Wände und Böden damit ausgekleidet sind. (Es soll nur eine einfache Blattschicht sein.) Die Formen dann mit der Farce aus dem Kühlschrank füllen und die Oberfläche glätten. Überstehende Kohlblätter darüberlegen. Diese Formen in ein größeres Gefäß mit Wasser stellen, dann dieses in den Backofen schieben. Die Mousse bei 220° C in 40 Minuten pochieren und bei geöffneter Backofentür nachziehen lassen.
In dieser Zeit die Butter schmelzen lassen, mit Salz, weißem Pfeffer und dem Chirouble wieder zusammenrühren (die Butter soll dabei aber leichtfließend bis cremig bleiben).
Mit dieser Sauce in tiefe, vorgewärmte Teller Spiegel gießen und jeweils ein Förmchen daraufstürzen.

Beilage: Weißbrot
Weine: Chirouble oder Elsässer Pinot Noir

ALBERT BOULEY

Rotbarben nach Marseiller Art mit Tomaten und Safran

Rougets à la marseillaise

Im Originaltext von Franz Keller werden die kleinen Rougets nicht ausgenommen und auch mit den Köpfen serviert, wobei einige Gäste diese sogar mitessen. Aus ästhetischen Gründen sollte man den Kopf aber abtrennen und die Fische sowohl schuppen wie ausnehmen. Den Safran möchte ich wirklich nur in der angegebenen Menge empfehlen, denn ein Zuviel dieses starken Gewürzes kann den zarten Geschmack der Fische verderben.

Zutaten für 4 Portionen:
Für die Rougets:

50 g Butter
8 Rougets
Salz
Weißer Pfeffer
Cayennepfeffer
100 g Schalotten
1 Zwiebel
400 g Tomaten
¼ l Olivenöl
5 Safranfäden
¼ l Fischfond

Für die Weißbrotscheiben:

8 kleine Scheiben Weißbrot
50 g Butter
2 Knoblauchzehen

Vorbereitungen:
Ein großflächiges Ofengeschirr (Plat russe) mit der Butter ausstreichen. Die Rougets bratfertig machen und innen mit einer Mischung aus Salz, weißem Pfeffer und Cayennepfeffer würzen. Diese Fische nun auf die Butter legen.
Die Schalotten und die Zwiebel pellen, in feine Würfel schneiden und über die Fische streuen.
Die Tomaten einkreuzen, blanchieren, halbieren, ausdrücken und in mittelgroße Würfel schneiden. Mit dem Olivenöl vermischen. Ebenfalls über die Fische verteilen.
Die Safranfäden im Fischfond, der in eine Schale gegeben wurde, 5 Minuten ziehen lassen, dann mit einer Gabel wieder herausholen.

Zubereitung:
Den mit dem Safran aromatisierten Fischfond über die Fische gießen, dann einen Deckel auf die Plat russe legen und die Fische 15 Minuten lang im Backofen bei 180° C ziehen lassen. Danach herausnehmen.
Die Weißbrotscheiben toasten. Die Knoblauchzehen pellen und zerdrücken, mit der Butter vermischen und die heißen Weißbrotscheiben damit bestreichen. Die Fische einzeln auf diese Scheiben legen, paarweise auf vorgewärmten Tellern anrichten.
Den Fond reduzieren, passieren und abschmecken, dann eingedickt als Spiegel auf die Teller gießen.

Beilage: Kleiner Salat
Wein: Provence-Rosé

FRANZ KELLER JR.

Rotbarbe vom Grill auf Kerbelsauce

Rouget sur gril, sauce au cerfeuil

Bild Seite 43

Dieses Gericht wurde ausgewählt, weil man den kleinen Rotbarben mit ihrem angenehm schmeckenden festen weißen Fleisch eine Chance geben wollte. Im Zusammenklang mit dem Olivenöl und besonders der sahnigen Kerbelsauce erscheinen die Fische in meisterlicher Zubereitung.

Zutaten für 4 Portionen:

Für die Fische:

8 Stück Rotbarben, etwa 1200 g
Salz
Weißer Pfeffer
Saft von 1 Zitrone
2 Eßlöffel Mehl
4 Eßlöffel Olivenöl, kalt gepreßt

Für die Sauce:

¼ l Fischfond
⅛ l Riesling
²/₁₀ l Crème fraîche
½ Knoblauchzehe
1 Schalotte
1 Bund Kerbel
Salz
Weißer Pfeffer
100 g Butter

Vorbereitungen:

Die kleinen Fische schuppen, ausnehmen und mit kaltem Wasser gründlich ausspülen. (In manchen Fällen kann man die Rotbarben auch mit den Eingeweiden grillen; das ist Geschmackssache.) Dann mit einem spitzen Messer die Rückenflossen herausziehen.

Die Fische innen mit Salz, Pfeffer, der Hälfte des Zitronensaftes würzen, im Mehl wenden, dann in eine Schale mit Olivenöl legen und ruhen lassen.

Den Grill vorheizen.

Für die Sauce den Fischfond mit dem Riesling und der Crème fraîche vermischen und in einem Kasserol kochen. Dazu den Knoblauch pellen und zerdrücken, die Schalotte pellen und kleinschneiden, vom Bund Kerbel die Blätter abzupfen (und bis zum Schluß aufheben), die Stengel kleinschneiden.

Knoblauch, Schalotte und Kerbelstengel in der Fondmischung solange kochen, bis die Menge auf 1 Drittel reduziert ist. Dann diese Sauce durch das Haarsieb streichen und wieder in ein Kasserol schütten.

Zubereitung:

Die Fische auf den Grill legen, nach 3 Minuten wenden, im ganzen 6–8 Minuten Garzeit rechnen.

Für die Sauce den Kasserolinhalt wieder zum Kochen bringen, mit dem restlichen Zitronensaft, Salz und weißem Pfeffer abschmecken. Die Butter in kalten Flocken mit dem Schneebesen in die heiße Sauce schlagen, die dadurch aufschäumen soll.

Die Kerbelblätter in die Sauce geben und diese als Spiegel auf die vorgewärmten Teller gießen. Zum Schluß die Barben darauf anrichten.

Beilagen: Kleiner Salat, Brot
Wein: Rosé de Provence

Anmerkung:

Zum Bedauern der Köche gehören Rougets nicht zu den »täglichen« Fischen im Angebot, im Gegenteil. Es liegt also auf der Hand, ersatzweise einen ähnlichen Fisch zu nehmen, der vielleicht ein ebenso festes weißes Fleisch hat. Da kommen leider nur sehr wenige Arten in Frage. Am besten wären noch Filets von dicken Seezungen, in breite Streifen geschnitten, roh gegrillt. Möglich wären auch noch kleine Lachsforellen, aber nur von der noblen Geschmacksnote her.

JÖRG UND DIETER MÜLLER

Seezunge in Champagner mit Pfahlmuscheln in eigenem Sud

Sole au Champagne et aux moules à la nage

Die Pfahlmuscheln sind den anderen Rohstoffen in diesem Gericht eigentlich nicht ganz ebenbürtig. Deshalb müssen sie mit größter Akkuratesse zubereitet werden. Der Champagner kann stark reduziert werden, auch wenn die diesem Wein eigene Äpfelsäure innerhalb des gesamten Säureanteiles durch die Hitze nicht abgebaut wird. Um der Säure die unangenehme Spitze zu nehmen, wird der Zucker zugefügt. Wer das Gericht »abmagern« will, kann Limandenfilets verwenden, auch machen sich Fäden von weißem Porree gut, aber nur, wenn sie kurzgeschnitten sind, weil das Service sonst Schwierigkeiten damit hat. Bocuse hat dieses Gericht der klassischen Küche entlehnt und nach seinem Stil modernisiert.

Zutaten für 2 Portionen:

Für den Muschelsud:

500 g Pfahlmuscheln

4 Eßlöffel herber Weißwein

50 g Butter

Salz

Weißer Pfeffer

Ferner:

1 Seezunge

Für die Champagnercrème:

½ Flasche Champagner sec

1 Tasse Crème fraîche

1 knapper Teelöffel Zucker

Für die Juliennes:

½ Möhre

20 g Sellerieknolle

50 g Weißes vom Porree (Lauch)

Außerdem:

50 g Butter

Vorbereitungen:
Die Muscheln gründlich säubern, waschen, bürsten, die Bärte abziehen.
In einem Kasserol den Weißwein mit der Butter, Salz und weißem Pfeffer erhitzen, die Muscheln zugeben, das Kasserol mit einem Deckel verschließen, den Tem-

peraturschalter hochdrehen und die Muschelschalen sich im Sud öffnen lassen. Die Körper dann auslösen und die Schalen fortwerfen.
Die Seezunge filieren und glattschneiden.
Den Champagner in ein Kasserol gießen und auf 1 Drittel seiner Menge reduzieren. Die Crème fraîche und den Zucker zugeben und wieder reduzieren.
Die Möhre, die Sellerieknolle und das Porreeweiße in Juliennes schneiden. Den Muschelsud durch ein Haarsieb gießen und die Juliennes im Sud 5 Minuten garen, dann kühl stellen.

Zubereitung:
Die Seezungenfilets auf den vorgewärmten Tellern verteilen, mit den Muschelkörpern bedecken. Die Champagnercrème und den Muschelsud mit den Juliennes vermischen.
Filets und Muscheln mit der Sauce übergießen und die Teller unter dem Salamander kurz erhitzen, wobei die Filets gar werden sollen.

Beilage: Schneekartoffeln
Wein: Stiller Champagner

PAUL BOCUSE

Seezunge und Hummer in Champagner-Gemüsesud

Sole et homard à la nage au Champagne

Bild Seite 42

An der Zubereitungsart à la Nage messen sich die Großmeister der weißen Zunft und manche jüngere Köche meinen, daß es sich dabei um eine leichte Aufgabe handele. Ich erinnere mich noch an ein Mittagessen in Hamburgs Vierjahreszeiten-Grill mit Pariser Gourmets der Spitzenklasse, also Leuten, die alle einschlägigen Restaurants von Rang weltweit kennen. Der Chefkoch Oscar Behrmann empfahl seine Flußkrebse à la nage. Und nach dem Urteil der französischen Freunde war das Gericht ausgezeichnet, »etwa die Schule des alten Maître Deland«. An der »Nage«-Zusammensetzung erkennt man die Handschrift des Kochs.

Zutaten für 6 Portionen:

1 kg Seezungen	
Salz	
Weißer Pfeffer	
Saft von 1 Zitrone	
2 Hummer à 450 g	
1 Möhre	
⅓ Sellerieknolle	
1 kleine Porreestange (Lauchstange)	
1 Bündel Schnittlauch	
1 Schalotte	
½ Knoblauchzehe	
100 g Butter	
2 cl Sherry, mitteltrocken	
2 cl weißer französischer Wermut	
½ l Fischfond (aus den Seezungengräten und -köpfen)	
1 dl Crème fraîche	
1 Prise Safran	
1 dl Champagner	

Vorbereitungen:
Die Seezungen filetieren, die Gräten für den Fischfond verwenden, die Filets parieren und glattschneiden. Dann in Streifen von 5–6 cm Länge teilen, sie mit Salz, weißem Pfeffer und der Hälfte des Zitronensaftes würzen.
Die Hummer kopfüber in sprudelnd kochendes Wasser legen, nach 4 Minuten herausnehmen, kalt abschrecken, Scheren und Schwanz ausbrechen und dieses Fleisch ebenfalls in dicke Streifen schneiden. Die Gemüse (Möhre, Sellerie, Porree) putzen, waschen, Juliennes-Streifen herstellen, den Schnittlauch schneiden. Alles in gesalzenem Wasser stark blanchieren, so daß die Gemüse noch knackig sind. In kaltem Wasser abschrecken. Die Hummerkarkassen mörsern. Die Schalotte pellen und fein würfeln. Die Knoblauchzehe pellen und fein zerschneiden.
In einem Sautoir die Hälfte der Butter erwärmen, die zerkleinerten Hummerschalen, die Schalotte und den Knoblauch darin anziehen lassen, mit dem Sherry und dem Wermut ablöschen. Beiseite stellen.
Aus den Seezungengräten und -köpfen einen Fond kochen, mit diesem den Inhalt des Sautoirs auffüllen, 10 Minuten ziehen lassen, dann durch ein Haarsieb gießen. In einem neuen Kasserol mit Crème fraîche und Safran versetzen, auf eine Gesamtmenge von 4 dl einkochen.

Zubereitung:
Die Seezungenstreifen in die Sauce geben und darin neu erwärmen. Das Hummerfleisch und die blanchierten Gemüse-Juliennes zufügen und noch einmal 2 Minuten wärmen, dann zugedeckt am Herdrand stehen lassen.
Zum Anrichten diese Mischung aus Seezunge, Hummer und Gemüse mit der Schaumkelle herausnehmen und gleichmäßig auf den vorgewärmten Suppentellern verteilen. Die Sauce mit Salz, Pfeffer und dem restlichen Zitronensaft abschmecken, mit der übrigen Butter montieren, mit dem Champagner verfeinern und über die Fisch-Gemüse-Mischung gießen.

Beilagen: Trockener Reis, Artischockensalat
Wein: Riesling Spätlese trocken aus Franken

JÖRG UND DIETER MÜLLER

Seezungenfilets gedünstet in Avocadosauce und mit Avocadowürfeln

Filets de soles aux avocats

Man muß beim Dosieren der Avocados sehr vorsichtig sein, da sie sonst geschmacklich dominieren, was dem Gericht nicht gut tut. Es ist klug, einen Teil der Avocados zu Crème zu pürieren und die Sauce damit zu binden beziehungsweise zu legieren.

Zutaten für 4 Portionen:

2 Seezungen zu je 350 g	
1 dl Fumet de poisson	
5 cl weißer trockener Wermut	
Saft von 1 Zitrone	
1 Tomate	
2 Avocados	
Salz	
Weißer Pfeffer	
Etwas Butter (eventuell)	

Vorbereitungen:
Die Seezungenfilets auslösen. Das Fumet de poisson in einem Geschirr erwärmen und die Filets darin kurz pochieren. Den Wermut und den Zitronensaft zugeben. Die Tomate blanchieren, häuten, halbieren, ausdrücken und fein würfeln. Die Avocados schälen, halbieren, den Kern auslösen, die eine Avocado würfeln und mit der Tomate zusammen in den Fond geben. Kurz erhitzen, die Filets herausnehmen und die Sauce langsam ziehen lassen. Dabei reduzieren. Die andere Avocado ebenfalls in Würfel schneiden.

Zubereitung:
Die Sauce im Elektromixer pürieren und mit Salz und weißem Pfeffer abschmecken. Die anderen Avocadowürfel in der Sauce kurz angehen lassen. Wer mag, kann die Sauce noch mit einigen Butterflocken montieren. Zum Anrichten die Filets auf den warmen Tellern verteilen und mit der Avocadosauce übergießen.

Beilage: Trüffelreis
Wein: Chassagne-Montrachet

HENRI LÉVY

Seezungenfilets mit Kräutern in weißem Wermutrahm

Filets de sole aux herbes sauce crème au Vermouth

Der an sich nicht besonders eigenständige Geschmack der Seezungen wird hier durch frische Kräuter und zugleich die herbsüße Kräuterkomposition des Wermuts kompensiert. Man hüte sich gerade wegen der zarten Seezungenfilets vor zu kräftiger Kräuterauswahl.

Zutaten für 6 Portionen:

3 Seezungen à 500 g	
Salz	
Weißer Pfeffer	
180 g Butter	
50 g Mie de pain (geriebenes weiches Weißbrot)	
1½ Tassen verschiedene Kräuter (wie Estragon, Kerbel, Petersilie, Thymian, Basilikum, Sauerampfer)	
1 Tasse trockener weißer Wermut	
1 Eßlöffel Glace de viande	
1 Tasse Crème fraîche	
1 Tasse kräftiger Fond de poisson (Fischfond)	

Vorbereitungen:
Die Seezungen filieren und die Filets leicht plattieren. Dann mit Salz und Pfeffer würzen. 100 g der Buttermenge zerlaufen lassen und die Filets schnell durchziehen. Die weiße Hautseite jetzt in das Mie de pain legen und die Panierung fest andrücken. Die Butter dann auf eine Ofenpfanne gießen.
Die Kräuter waschen, abtropfen, grob zerschneiden und auf die Butter streuen. Die Filets mit der panierten Seite nach oben darauflegen, mit dem Wermut beträufeln und unter dem Salamander goldgelb werden lassen.

Zubereitung:
Die Fische warm stellen, die Butter ohne die Kräuter in ein Kasserol abgießen, die Glace de viande, die Crème fraîche und den Fond de poisson dazugeben, verrühren, auf 1 Drittel reduzieren. Dann mit den restlichen 80 g Butter montieren. Die Filets auf vorgewärmten Tellern anrichten, die Sauce autour gießen.

Beilagen: Gebackene Blumenkohlrosen, Gratin Dauphinois (Rezept Seite 116)
Wein: Rheingauer Kabinett Riesling

ARMIN SCHERRER

41

Oben: Rotbarbe vom Grill auf Kerbelsauce. – Rouget sur gril, sauce au cerfeuil. Rezept Seite 38

Links: Seezunge und Hummer in Champagner-Gemüsesud. – Sole et homard à la nage au Champagne. Rezept Seite 40

Jörg und Dieter Müller

Seezungenröllchen mit geräuchertem Lachs

Paupiettes de sole au saumon fumé

Der Witz dieses Gerichtes liegt in der sehr ungewöhnlichen Verbindung von Seezunge und Lachs, von frischem und geräuchertem Fisch. Die Garnitur besteht aus »Petits légumes«, mit trockenem weißem Wermut pikant gemacht. Die kleine Menge Hummersauce geht in der reichen Geschmackspalette beinah unter.

Zutaten für 4 Portionen:

2 Seezungen von 700 g zusammen

8 Scheiben geräucherter Lachs, dünn geschnitten

Für den Fond:

Salz

Weißer Pfeffer

½ l Weißwein

2 Schalotten oder 1 Zwiebel

5 Champignons

Ferner:

50 g Möhren

50 g Weißes vom Porree (Lauch)

50 g Knollensellerie

50 g Butter

2 Schalotten

1 Glas Weißwein

4 Eßlöffel trockener französischer Wermut

¼ l Sahne

⅛ l Hummersauce oder 50 g Hummerbutter

Vorbereitungen:
Die Seezungen von beiden Seiten häuten, filieren und die Filets leicht flachdrücken, damit sie eine gleichmäßige Form erhalten.
Darauf die Scheiben von geräuchertem Lachs legen, aufrollen, mit Holzspeilen zusammenstecken.
Die Gräten und Köpfe der Seezungen zerschlagen, in einem Sautoir mit Salz, weißem Pfeffer, dem Weißwein, den gepellten und geschnittenen Schalotten oder der Zwiebel und den grob geschnittenen Champignons 30 Minuten sieden.
Durch ein feines Spitzsieb in ein Kasserol abgießen und darin auf die halbe Menge reduzieren.
Die Gemüse (Möhren, Porreeweißes, Knollensellerie) putzen, waschen, in Juliennes schneiden und feucht liegen lassen.

Zubereitung:
Eine Plat russe mit Butterflocken ausstreichen.
Die Schalotten pellen und in feine Würfel zerschneiden, diese auf die Butter streuen, darauf die Juliennes der Gemüse geben, dann die Seezungenröllchen.
Mit dem Weißwein und dem Wermut beträufeln, dann den reduzierten Fischfond zufügen.
Die Plat russe in den Backofen stellen und den Inhalt bei 200° C in 15 Minuten pochieren.
Die Röllchen und die Gemüsestreifen herausnehmen, den Fond in ein Kasserol umgießen, dann auf die halbe Menge einkochen, mit der Sahne und der Hummersauce oder -butter versetzen, jetzt um etwa 1 Drittel reduzieren, die Juliennes hineinlegen und den Geschmack korrigieren.
Die Röllchen auf vorgewärmten Tellern anrichten und mit der Sauce nappieren.

Beilagen: Reis, Kleiner Salat
Wein: Weißer Burgunder, etwa Meursault

ANTON MOSIMANN

Seezungenfilets mit Morcheln

Filets de sole au four
sauce crème aux morilles

Hier werden zwei klassische Zubereitungen beliebter Zutaten zu einem Gericht vereint. Beide Teile – die Seezungenfilets wie die Morchelsauce – brauchen für die vollendete Zubereitung ihren Meister, denn wer nicht aufpaßt, kann kein gutes Ergebnis erwarten.

Zutaten für 4 Portionen:
2 große Seezungen (das sind etwa 1200 g ganze Fische oder 680 g Seezungenfilets)
100 g getrocknete Morcheln

Für die Seezungen:
50 g Butter
Salz
Weißer Pfeffer
Saft von ½ Zitrone
¹/₁₀ l Riesling
4 Eßlöffel Fischfond

Für die Morchelsauce:
50 g Butter
1 Schalotte
1 Glas Sherry
¹/₅ l Riesling
4 Eßlöffel Crème fraîche
Salz
Weißer Pfeffer
½ Zitrone
2 Eßlöffel steifgeschlagene Sahne

Vorbereitungen:
Die Seezungen häuten und filetieren.
Die Morcheln 10 Stunden mit lauwarmem Wasser übergossen stehen lassen, damit sie aufquellen. Dann mehrfach mit neuem Wasser abspülen und den Sand entfernen. Dann abtropfen, putzen, halbieren und feucht stehen lassen.
Den Backofen auf 200° C vorheizen.

Zubereitung:
Eine ofengerechte Pfanne oder eine entsprechende Plat russe mit der Butter in Flocken auslegen oder mit der kalten Butter ausstreichen. Die Filets mit der Hautseite nach unten nebeneinanderlegen. Darüber Salz, weißen Pfeffer, den Zitronensaft, einige Tropfen des Rieslings und 2 Eßlöffel des Fischfonds geben. Alufolie über die Plat russe breiten und den Inhalt im Backofen bei 200°C in 6 Minuten garen, so daß die Filets noch glasig sind.

Für die Morchelsauce in einem Kasserol die Butter zerlassen, die Schalotte pellen, in kleine Würfel schneiden und in der Butter glasig werden lassen. Die Morcheln dazugeben und mit angehen lassen. Mit dem Sherry, dem Riesling und dem restlichen Fischfond löschen, dann 30 Minuten bei schwacher Hitze kochen. Etwas abkühlen lassen. Die Morcheln mit einer kleinen Bratengabel, einem Drahtlöffel oder einer nicht zu großen Schaumkelle herausnehmen. Warm stellen.

Die Sauce in dem Kasserol mit der Crème fraîche vermischen und den Topf wieder auf den Herd setzen. Die Sauce weiter kochen, bis sie nur noch 1 Drittel ihres Volumens hat.

Mit Salz, weißem Pfeffer und dem Zitronensaft abschmecken, die Morcheln zugeben und zuletzt die geschlagene Sahne unterheben. Die Seezungenfilets aus dem Ofengeschirr nehmen und paarweise auf Tellern anrichten. Mit den Morcheln und ihrer Sauce vorsichtig beträufeln.

Beilagen: Kartoffelschnee, Zuckerschoten
Wein: Fränkischer Riesling

JÖRG UND DIETER MÜLLER

Seezungen mit Hummer und Champignons nach Eugen Käufeler

Sole et homard aux champignons après Eugène Kaufeler

Eugen Käufeler lebt in London und ist von Geburt Schweizer wie Anton Mosimann, sein Nachfolger im Amt als Küchendirektor im berühmten Dorchester Hotel in London. Anton Mosimann widmete Eugen Käufeler dieses Gericht.

Zutaten für 4 Portionen:

500 g Seezungenfilets
200 g Hummerfleisch
4 halbe Hummerscheren
4 Schalotten
100 g Champignons
50 g Butter
50 g Hummerbutter
4 cl Sherry
2 cl weißer trockener französischer Wermut
¼ l herber Weißwein
¼ l frische Sahne
Salz, Weißer Pfeffer
4 Trüffelstücke, etwa 15 g

Vorbereitungen:
Die Seezungenfilets in dicke Streifen schneiden (wie Fleisch zu Geschnetzeltem). Das Hummerfleisch in dicke Medaillons zerteilen. Die Hummerscheren ausziehen und beiseite stellen. Die Schalotten pellen und fein würfeln. Die Champignons putzen und vierteln. In einem Kasserol die Butter und die Hummerbutter zusammen zerlassen, die Schalotten und Champignons darin angehen lassen, nach 3–4 Minuten die Seezungenstreifen und Hummermedaillons dazugeben, ebenfalls angehen lassen, mit Sherry, Wermut und Weißwein löschen, die Fischstreifen und Hummermedaillons herausstechen, den Fond auf die Hälfte reduzieren. Die Sahne dazugießen, reduzieren. Wenn die Saucensämigkeit erreicht ist, würzen.

Zubereitung:
Die Seezungenstreifen und Hummermedaillons mit den Champignonvierteln und der Sauce in einem Cassolette anrichten. Die Trüffelscheiben darübergeben.

Beilagen: Risotto oder Pilaff-Reis
Wein: Elsässer Riesling

ANTON MOSIMANN

Loup de mer mit Kaviar in Safransauce

Loup de mer au caviar à la sauce au safran

Bild Seite 55

Der Loup ist der wohl reizvollste und begehrteste Fisch der europäischen Küche. HPW gibt dazu eine besonders gewürzintensive Sauce, deren Mengenverhältnisse genau eingehalten werden müssen. Der Salzanteil wird durch den Kaviar kompensiert.

Zutaten für 2 Portionen:

1 Loup de mer zu 800 g, ersatzweise Bar vom Atlantik
Salz
Weißer Pfeffer
Etwas Mehl (zum Bemehlen des Fisches)
50 g Butter
1 Zucchinigurke
1 g Safranfäden
½ dl Fischfond
½ dl trockener weißer Wermut
2 Eßlöffel süße Sahne
2 Eigelbe
50 g Sevruga-Kaviar
2 Teelöffel Tomaten-Confit

Vorbereitungen:
Den Loup ausnehmen und filetieren, die Filets abspülen und wieder abtropfen lassen und mit Küchenkrepp abtrocknen. Salzen, pfeffern und in Mehl wenden.
In einem Poële die halbe Buttermenge aufschäumen lassen und die Filets darin auf beiden Seiten hellbraun braten, dann warm stellen. Die Zucchinigurke in Fäden schneiden, kurz blanchieren, abschrecken.

Zubereitung:
Die Safranfäden im Fischfond mit dem Wermut und der Sahne reduzieren, die Fäden abseihen, den gewonnenen Fond mit den Eigelben aufschlagen. Die restliche Butter in kalten Flocken in die Sauce montieren und abschmecken. Die Sauce als Spiegel auf die vorgewärmten Teller gießen, die Zucchinistreifen darauflegen, dann die Filets, den Kaviar etwa ½ cm dick auftragen. Mit einem Löffel Tomaten-Confit ein Dekor einziehen.

Beilage: Wilder Reis
Wein: Trockene Rheingauer Spätlese

HANS PETER WODARZ

Filet vom Wolfsbarsch auf Lachs und Trüffelmousse in der Kruste

Loup de mer sur saumon
mousse de truffes en croûte

Hier wird eine ziemlich kostspielige Sache vorgeschlagen: Lachs, Seezunge, Loup, Trüffeln sind unter den Rohstoffen. Solch teure Zutaten zwingen zu besonders gründlicher Beachtung der handwerklichen Regeln und zu exaktem Arbeiten. Das Gericht muß in jedem Fall à la minute zubereitet werden. Es ist sicher in entsprechender Portionierung auch als Zwischengericht geeignet.

Zutaten für 4 Personen:
Für die Füllung:

150 g Lachsfilet	
150 g Seezungenfilet	
Salz	
Weißer Pfeffer	
2 Eiweiße	
½ l Crème fraîche	
2 Eßlöffel feingehackte Trüffeln	

Für den Fisch:

1 Wolfsbarsch	
250 g Blätterteig	
Salz	
Weißer Pfeffer	
½ Teelöffel Thymian	
300 g Lachsfilet	
1 Eigelb	
25 g Butter	
1 Eßlöffel Mehl	

Vorbereitungen:
Zuerst die Füllung vorbereiten. Lachsfilet und Seezungenfilet in grobe Stücke zerschneiden, mit Salz und weißem Pfeffer im Mixer pürieren, 2 Würfel Roheis zugeben, damit die Masse kühl bleibt, dann die Eiweiße unterziehen und weiter mixen, bis die Farce geschmeidig ist, die Crème fraîche und die Trüffeln zufügen, dann das Gerät gleich abschalten.
Jetzt den Fisch vorbereiten. Die Haut des Wolfsbarsches abziehen, ohne die Bauchlappen zu zerschneiden. Vom Rücken her die Filets von den Gräten lösen, ohne sie vom Kopf zu trennen. Die Wirbelsäule herauslösen, am Kopf abknicken.

Den Blätterteig halbieren, ½ cm dick ausrollen. Den Fisch mit dem unteren Filet seitlich auf die Teigplatte legen und das obere Filet über den Kopf wegklappen. Die Filets mit Salz und weißem Pfeffer würzen, mit den Thymianblättern belegen.

Zubereitung:
Auf diese Anordnung von Fisch eine ½ cm dicke Scheibe von frischem Lachs legen, am besten das besonders saftige Mittelstück von schottischem Lachs der besten Sorte. Darauf über die ganze Länge die getrüffelte Fischmousse so verteilen, daß sie in der Mitte höher ist als außen. Mit der Palette egalisieren.
Dann wieder Lachsscheiben aufschichten, würzen, Thymianblätter daraufgeben, das zweite Fischfilet vom Wolfsbarsch darüberdecken.
Die verbliebene Platte des Blätterteiges noch einmal groß ausrollen, über den ganzen Fisch legen und darauf achten, daß an allen Seiten genügend Teig übersteht. Die Ränder mit dem verquirlten Eigelb bestreichen, fest aneinanderdrücken, wobei man die Form des Fisches erreichen sollte. Die überstehenden Teile kurz abschneiden, die Fischform wieder herstellen, ein Backblech mit der Butter einfetten, mit dem Mehl bestäuben, den Fisch daraufgleiten lassen, die Oberfläche wieder mit Eigelb bestreichen. Den Fisch im Backofen bei 200° C 30–40 Minuten backen. Nadelprobe machen!

Beilage: Sauce Choron
Wein: Badischer trockener Weißherbst

FRANZ KELLER JR.

Ganze Fische mit Kräutern gefüllt in Blätterteig eingebacken, weiße Butter

Poissons aux herbes en croûte
beurre blanc

Dieses Gericht hat Paul Bocuse in seine Rezeptsammlung aufgenommen, auch wenn er nicht der Urheber ist. Es stammt aus der klassischen Mittelmeerküche und wird, wenn es sich um mittelgroße Exemplare handelt, für ein Service von 6–8 Personen verwendet. Bei einer kleineren Personenzahl lohnt sich der enorme Arbeitsaufwand der Teigdekoration nicht.

Zutaten für 8 Portionen:

3 kg Seewolf oder Bar
Je 2 Büschel Kerbel- und Estragonblätter
Salz
Weißer Pfeffer
2 Schalotten
1 Knoblauchzehe
100 g Butter
750 g fertiger Blätterteig
Etwas Mehl
1 Tasse Milch
2 Eigelbe

Für die Beurre blanc:

4 Schalotten
½ l trockener Weißwein
Salz (wenn die Butter nicht gesalzen ist)
Weißer Pfeffer
200 g Butter

Vorbereitungen:
Den Fisch sorgsam ausnehmen und innen waschen, ohne die Form zu verletzen. Dann mit einem Tranchelard die Fischhaut abziehen. Auch hierbei auf die Form achten. Den Kopf und die Schwanzflosse belassen, die anderen Flossen abschneiden. Am Rücken entlang einen etwa 1½ cm tiefen Einschnitt machen, über die ganze Mittelgräte hin. Ein Drittel der Kerbel- und Estragonblätter zerdrücken und in diese Öffnung stecken. Die restlichen Kräuter in die Bauchhöhle füllen. Salzen und pfeffern, innen wie außen. Die Schalotten und die Knoblauchzehe pellen, zerschneiden, in der halben Buttermenge angehen lassen und damit den Fisch innen und außen einstreichen. Die restliche Butter erwärmen und in den Bauch des Fisches gießen. Den Blätterteig auf eine Dicke von ¾ cm maximal ausrollen, so daß eine rechteckige Platte entsteht in der Länge des Fisches. Mit Mehl bestäuben und kühl lagern.

Zubereitung:
Sollte die Blätterteigplatte zum Arbeiten zu groß werden, in der Mitte der Länge nach halbieren, wobei die eine Hälfte etwas größer als die andere sein darf.
Auf die eine Blätterteigplatte den gefüllten Fisch legen und gleich auf ein Backblech setzen. Die zweite Teigplatte darüberschlagen. Die Teigränder mit ein paar Tropfen Milch befeuchten und fest zusammendrücken, doch soll kein unschöner Wulst entstehen (also lieber etwas Teig abschneiden).
Die Eigelbe mit der restlichen Milch verquirlen. Damit den ganzen Fisch einstreichen. Dann mit der Spitze eines Officemessers oder mit Hilfe einer Lochtülle die Schuppen und Flossen des darunter befindlichen Fisches nachzeichnen und in den Teig einritzen.
Den Backofen auf 220° C vorheizen und die Bräunung des Teiges abwarten. Dann die Temperatur auf 150–170° C zurückdrehen und eine Gesamtbackzeit von 1½ Stunden rechnen.
Zum Anrichten den Fisch auf einer entsprechend langen flachen Platte oder einem Schneidebrett servieren und vor den Augen der Gäste tranchieren. Dazu erst die obere Teigdecke abnehmen oder einen größeren Ausschnitt ausstechen und dann das Filet in der gewohnten Art von den Gräten abheben. Die Kräuter werden nicht mitserviert. Dazu die Beurre blanc und Teile der Deckelkruste reichen. Der Teigboden wird auch nicht mitserviert (er weicht meistens durch). Man kann den Fisch auch in Alufolie wickeln oder in eine irdene Form geben und mit einem Teigdeckel verschließen.
Für die Beurre blanc in einem Kasserol die Schalotten gepellt und in feinste Würfel geschnitten mit dem Weißwein stark reduzieren, so daß nur ein Zehntel der Menge übrigbleibt. Salz und Pfeffer sehr sparsam verwenden. Dann das Kasserol vom Herd nehmen und die Butter mit einem Schneebesen in die Reduktion hineinschlagen, so daß eine seidig glänzende Paste entsteht. Sie wird in Löffeln an den Fisch gelegt.

Weine: Château Grillet oder ein Cassis

PAUL BOCUSE

Loup de mer in Rosmarinbutter gebraten mit Fenchelpüree

Filets de loup de mer poêlés en beurre au romarin,
puré de fenouil

Man könnte dieses Gericht auch anders nennen, näm-lich »Ein Fisch des Mittelmeers mit seinen Aromaten«. Zwar stimmt diese Bezeichnung nicht mehr so ganz, denn der Fisch kommt jetzt meist aus dem Atlantik, steht aber dem Mittelmeer-Loup nicht nach, so daß die dem Original nachempfundene Garnitur durchaus ver-tretbar ist.

Lothar Eiermann geht mit seinen Gewürzen immer sparsam um, aber er akzentuiert dabei.

Das Gericht ist innerhalb einer Speisefolge denkbar. Es kann aber auch als warme Vorspeise oder als Haupt-gang gut portioniert werden. Bei den anschließend aufgeführten Zutaten ist an ein Vorgericht gedacht.

Zutaten für 2 Portionen:

250–350 g Filets von Loup de mer

100 g Butter

½ Zweig frischer Rosmarin

Für das Fenchelpüree:

2 große Fenchelstauden

50 g Butter

¹/₁₀ l frische Sahne

Ferner:

Salz

Weißer Pfeffer

2 Eßlöffel Mehl

Etwas Butter zum Montieren des Pürees

Vorbereitungen:
Die Fischfilets parieren, dann die Ränder glätten. In ei-nem Kasserol die Butter zergehen lassen und die ge-zupften Rosmarinblätter darin bei schwacher Hitze 20 Minuten lang auslaugen lassen. Die Butter soll dadurch den starken Rosmaringeschmack annehmen. Anschlie-ßend wird die Butter dann passiert. Die Blätter werden nicht mehr gebraucht, sondern anschließend wegge-worfen.

Für das Fenchelpüree die Fenchelknollen putzen. Dann in Scheiben von etwa ½ cm Dicke schneiden. In einem Kasserol die Butter zerlaufen lassen und die Fenchel-scheiben darin angehen lassen, ohne Farbe zu nehmen. Nun die Sahne zufügen und den Fenchel in 10 Minuten gar werden lassen. Ist dies geschehen, den Fenchel 5 Minuten abkühlen lassen und das Gemüse im Elek-tromixer fein pürieren, dann außerdem noch durch ein Haarsieb streichen.

Zubereitung:
Die Fischfilets mit Salz und weißem Pfeffer versehen und leicht in Mehl wenden. Die passierte Rosmarinbut-ter erwärmen und die Filets darin nur höchstens 1 Mi-nute lang auf jeder Seite braten.

Das Fenchelpüree in einem Kasserol erhitzen, würzen und dann mit den Butterflocken locker montieren. Zum Anrichten das Püree mit der Lochtülle als Sockel oder als Rosette auf den warmen Teller dressieren und die Filets darauf oder daran legen.

Beilage: Gratin Dauphinois
Wein: Provence-Weißwein

Anmerkung:
Der Loup de mer, der Wolfsbarsch oder Seebarsch ist ein Zackenbarsch von etwa 1 m Länge; er wird bis zu 10 kg schwer. Der sehr wohlschmeckende, bei den Ang-lern beliebte Speisefisch kommt im Mittelmeer, dem Atlantischen Ozean und in der Nordsee (bis Norwegen) vor. Auch das französische Wort »Bar« bezeichnet diese Fischart, wobei es sich hier um den Barsch aus dem Atlantik handelt, der nicht so rar ist wie der Mittel-meer-Loup.

LOTHAR EIERMANN

Barschnitzel mit Kerbeltomatensauce und Kressepüree

L'escalopine de bar atlantique
à la sauce vierge

Bild Seite 66

Die rohen Filets des Bars, eines Fisches aus dem Atlantik, werden hauchdünn geschnitten und brauchen im Ofen nur einige Sekunden. Sie sollen keinesfalls durchgaren. Dazu serviert Juveneton die Kerbeltomatensauce (französisch »Sauce vierge«, also Jungfernsauce), die nach eigenem Geschmack variiert werden kann. Auch das Püree läßt sich verändern. So kann man beispielsweise statt des Kerbels Basilikum verwenden.

Zutaten für 4 Portionen:

1 Bar von 1 kg Gewicht

Salz

Weißer Pfeffer

Für die Sauce:

2 Tomaten

¼ l Jungfernöl

Saft von 1 Zitrone

1 Eßlöffel feingehackter Kerbel

1 Eßlöffel feingehackte Petersilie

Salz

Weißer Pfeffer

Für das Kressepüree:

3 Kästchen Gartenkresse

50 g Butter oder Crème fraîche

Vorbereitungen:
Vom Bar die beiden Filets abheben und diese von der Haut abziehen. Die beiden Filets dann auf dem Brett in feinste Scheiben (Schnitzelchen) schneiden, und zwar so schräg, wie es geht.
Diese Schnitzelchen dann auf feuerfesten Porzellantellern portioniert ausbreiten, mit Salz und Pfeffer wenig bestreuen und in einem Kasserol ohne Butter nur gering erhitzen. Nicht garen.
Für die Sauce die Tomaten häuten, die Kerne herausdrücken und das Fruchtfleisch grob zerhacken.
In einem Kasserol das Jungfernöl erwärmen und die Tomatenstücke darin leicht angehen lassen. Den Saft der Zitrone darüberträufeln, den Kerbel und die Petersilie dazugeben und nun wieder mit Salz und weißem Pfeffer würzen. Dann diese Mischung nur lauwarm werden lassen.

Für das Kressepüree in einem Topf Wasser zum Kochen bringen, salzen und die Kresse ohne Stiele darin blanchieren.
In einem anderen Topf kaltes Wasser mit 4–5 Eiswürfeln bereit halten.
Die Kresse mit einem Schaumlöffel nach 3 Minuten aus dem Blanchierwasser holen und sofort mit Eiswasser abschrecken. Jetzt wieder auf einem Sieb ablaufen lassen und anschließend so stark pressen, daß alle Flüssigkeit abfließt.
Diese Masse im Elektromixer sehr fein pürieren, in ein Kasserol umschütten, Butter (oder Crème fraîche) dazugeben und mit dem Spatel sachte in Bewegung halten, bis das Püree trocken ist.
Das Püree in Teelöffelgröße ausstechen und zwischen die auf den vorgewärmten Tellern angerichteten Fischschnitzel legen, sodann die lauwarme Sauce auf die Fischstücke gießen.

Beilagen: Kartoffelpüree oder Kartoffelschaum mit Sahne
Weine: Mâcon oder Entre-Deux-Mers

PATRICK JUVENETON

Wolfsbarsch in der Salzkruste

Loup de mer au gros sel

Wertvolle Mittelmeerfische (und zartes Geflügel, auch bestes Ochsenfleisch) werden durch die dicke Salzkruste, die im Ofen immer härter und undurchdringlicher wird, vor dem Austrocknen geschützt. Der Aufwand lohnt sich. Anstelle des echten Loup aus dem Mittelmeer verwendet man oft den wohl gleichwertigen Bar aus dem Atlantik. Die Salzkruste wird beim Servieren mit dem Messer abgeklopft.

Zutaten für 4 Portionen:

1 Wolfsbarsch von etwa 1,8 kg Gewicht

12 Blätter Sauerampfer

5 Zweige Kerbel

5 Zweige Dill

50 g Blattpetersilie

1 Lorbeerblatt

Für die Salzkruste:

2½ kg grobes Salz

⅕ l Wasser

2 Eiweiße

Vorbereitungen:
Den Wolfsbarsch durch einen Schnitt an der Kehle ausnehmen. Dann schuppen, Flossen und Kiemen mit der Schere stutzen, waschen und abtrocknen.
Die Kräuter waschen und mit dem Lorbeerblatt unzerschnitten in den Bauch des Fisches stopfen.

Zubereitung:
Das Salz auf einem Ofenblech ausbreiten. Das Wasser, mit den Eiweißen verschlagen, in das Salz rühren, beziehungsweise dieses damit soweit befeuchten, daß es zu kleben beginnt. Den Fisch auf die Salzpaste legen und völlig damit einpacken, fest andrücken.
Den Backofen auf 200° C vorheizen, das Blech einschieben und den darauf liegenden Fisch 25 Minuten lang backen. Das Salz soll dabei zu einer festen Kruste erstarren. Der Dampf aus dem Fisch wird vom Salz absorbiert.

Beilagen: Fenchelpüree (Rezept Seite 113) und Elsässer Rieslingsabayon (Rezept Seite 108)
Wein: Riesling aus dem Elsaß

GÜNTER SCHERRER

Filetstreifen von Petersfisch in Crème von Gemüsefäden

Saint-Pierre à la crème de petits légumes

Roger Vergé ist unbestritten der Meister einer Mischform aus der herben Cuisine der Provence und der finessenreichen modernen Küche. In diesem Gericht zeigt sich seine Vorliebe für die Kargheit provenzalischer Rezepte aus dem Umkreis seines Restaurants oberhalb von Cannes.

Zutaten für 4 Portionen:

1 kg Saint-Pierre

100 g Möhren

100 g Weißes vom Porree (Lauch)

80 g Knollensellerie

Salz

50 g Butter

2 große Kartoffeln

¼ l frische Sahne

1 Bund Schnittlauch

Vorbereitungen:
Den Fisch häuten und von den Gräten filetieren, dann die Filets in fingerdicke Streifen schneiden; oder aber in Medaillons, denn der Fisch hat recht dicke Filets. Die Gemüse (Möhren, Porreeweiß, Knollensellerie) putzen und in Allumettes schneiden. In einem Kasserol 1 Tasse Wasser mit etwas Salz zum Kochen bringen und die Butter darin schmelzen, die Gemüsestreifen hineingeben und kurz dünsten, bis das Wasser verdunstet ist. Die Kartoffeln schälen, in Karrees schneiden und fast garkochen. In einem Kasserol die Sahne mit etwas Salz und den Fischstücken zwei Minuten kochen lassen. Dann die Fische herausnehmen. Die Hälfte der bereits knakkig gekochten Gemüse und die Kartoffeln mit der Sahne zusammen aufkochen, im Mixer pürieren, zu sämiger Saucenkonsistenz verkochen.

Zubereitung:
Die Fischfilets mit den restlichen Gemüse-Allumettes in vier Suppentassen oder in eine Terrine verteilen, die Sauce kochendheiß darübergeben, 2 Minuten nachziehen lassen. Mit Schnittlauch bestreuen, heiß servieren.

Beilage: Stangenweißbrot mit Knoblauchbutter
Wein: Château Grillet

ROGER VERGÉ

Sautierte Filetstreifen von Sankt Petersfisch in Bouzy

*Goujonnettes de Saint-Pierre au Bouzy
Laurent Perrier*

Das Gericht wird von der aromatischen Sauce aus rotem Champagner-Stillwein bestimmt, der in der Gemeinde Bouzy tatsächlich seinen qualitativen Höhepunkt erreicht. Dieser Champagner ist in diesem Saucengericht sehr gut angewendet. Das Rezept ist relativ einfach, erfordert aber einen sorgfältig zubereiteten Fischfond.

Zutaten für 4 Portionen:

800 g Filet von Sankt Petersfisch

Salz

Weißer Pfeffer

600 g Kopf und Gräten von Sankt Petersfisch

½ l Weißwein mit wenig Säure

1 Mittelstück vom Porree (Lauch)

1 Schalotte

1 Knoblauchzehe

1 Petersilienwurzel

½ Lorbeerblatt

10 weiße Pfefferkörner

110 g Butter

1 dl roter Bouzy

1 Büschel Kerbel

Vorbereitungen:
Die Filets in Goujonnettes-Streifen schneiden und in einer Schale mit Salz und weißem Pfeffer gewürzt liegen lassen.
Etwa 600 g Kopf und Gräten mit der Haut vom Petersfisch zerschneiden und mit Wasser und dem Weißwein in einem mit einem Deckel verschlossenem Sautoir bei schwacher Hitze 10 Minuten kochen. Den Porree, die Schalotte, die Knoblauchzehe, die Petersilienwurzel, das Lorbeerblatt, die Pfefferkörner – je nach Beschaffenheit – vorbereiten und unzerschnitten hineingeben. Weitere 15 Minuten kochen, ohne daß das Wasser sprudelt. Dann durch ein feines Sieb in ein anderes Sautoir abseihen und dort auf eine Menge von gut ¼ l reduzieren, dann mit 50 g der Butter montieren.

Zubereitung:
Die restlichen 60 g Butter in einem Sautoir zergehen lassen, die Fischfilets darin schnell anprellen, mit dem roten Bouzy deglacieren, die Fischstreifen herausnehmen, den Bratensatz stark reduzieren und in die schon vorbereitete Sauce ziehen, diese zu je einem Spiegel auf jedem der 4 flachen heißen Teller ausgießen, die Filets in die Mitte geben und mit grob gezupften Kerbelblättern bestreuen. Keine Beilage!

Wein: Bouzy Rouge Laurent Perrier

Anmerkung:
Die Kochzeit von 25 Minuten für den Kopf-Haut-Grätenfond darf nicht überschritten werden, sonst wird der Fond leimig. Außerdem kann das Gericht nur à la minute zubereitet und serviert werden, was Maître Lévy natürlich voraussetzt. Anstelle des Saint-Pierre könnte man auch einen Atlantik-Bar oder eine Brasse nehmen.

HENRI LÉVY

Seeteufel provenzalische Art

Lotte à la provençale

Das gute an diesem Gericht ist nicht nur der besondere Geschmack, sondern auch, daß man es sowohl kalt wie warm als Vorspeise geben kann. Aber auch als Zwischengang im Menü (wenn der kräuterintensive Geschmack es zuläßt) und als eigenständiger Hauptgang läßt sich dieses Gericht zu jeder Jahreszeit verwenden. Außerdem kann man die festfleischigen Stücke der Lotte mit dieser Garnitur ohne Mühe à la minute herstellen.

Die nachfolgend angegebenen Zutaten sind für die Zubereitung dieses Gerichtes als Hauptgang berechnet.

Zutaten für 2 Portionen:

700 g Lotte (Seeteufel), ohne Kopf gewogen

Salz

Weißer Pfeffer

¼ l Olivenöl

2 Knoblauchzehen

2 Eßlöffel englisches Senfpulver

2 Eßlöffel trockener Weißwein

1 Tasse Mie de pain (frisches geriebenes Weißbrot, kein Panierbrot)

Je 2 Eßlöffel gehackte Blätter von Basilikum, Majoran, Kerbel und Estragon

100 g fertige Kräuterbutter

Vorbereitungen:
Die bläulichschwarze Haut der Lotte vorsichtig abziehen. Dann eventuell noch enthaltene Innereien ausnehmen und gründlich auswaschen. Nicht filetieren, weil der einzige Mittelknorpel nicht stört. Feine Gräten gibt es bekanntlich beim Seeteufel nicht.
In dicke Scheiben schneiden, so daß man mit 2 oder 3 Stücken portionieren kann. Sie werden gesalzen und gepfeffert und in einem Kasserol im Olivenöl 8–15 Minuten lang gebraten, und zwar bei schwacher Hitze, denn die Stücke sollen wenig Farbe nehmen.
Dann den Fisch herausheben und beiseite stellen. Bis dahin kann das Mise en place führen.

Zubereitung:
Die Knoblauchzehen pellen und zu einem Mus zerreiben, dazu etwas vom Olivenöl nehmen. Diesen Brei auf die Fischstücke aufstreichen. Das Senfpulver mit dem Wein verrühren und ebenfalls auf die Fischstücke aufbringen (eventuell mit einem Pinsel, damit man eine gleichmäßige Auflage des Gewürzes erreicht). Das Mie de pain mit den gehackten Kräutern, Basilikum, Majoran, Kerbel und Estragon vermischen und auf die feuchten Fischstücke streuen, eventuell etwas andrükken, so daß eine Art Panierung entsteht.
Die Fischstücke (Schnittstellen nach oben) mit dem restlichen Olivenöl in ein ofenfestes Geschirr (aus Steingut oder Kupfer) einsetzen.
Die Kräuterbutter in dünne Scheiben schneiden und auf die Schnittstellen legen.
Die Fische im Salamander überbacken und sofort servieren. (Eventuell sogar in dem bisher verwendeten Ofengeschirr.)

Beilagen: Je nach Art des Service Baguettes oder Gratin Dauphinois und Prinzeßbohnen oder Ratatouille
Weine: Provence-Weißwein oder Rosé

Anmerkung:
Der Seeteufel, der im Französischen »Lotte«, aber auch »Baudroie« heißt, hat im Deutschen auch die Namen »Anglerfisch«, »Karbonadenfisch«, »Forellenstör« oder »Krötenfisch«.
Der merkwürdig aussehende großköpfige Seefisch, dessen weißes Fleisch sehr wohlschmeckend ist, wird vor allem für Fischsuppen verwendet. Früher galt dieser Fisch bei uns als unverkäuflich; inzwischen haben ihn die Feinschmecker entdeckt.
Der Seefisch gehört zu der Familie der Armflosser; sein angeköderartiges Kopfanhängsel dient zum Anlocken von Beutetieren. Der Seeteufel kommt vor allem in der Nordsee vor, sein Laichgebiet liegt im Atlantik.
Übrigens wurde das Insulin zum ersten Mal aus der Bauchspeicheldrüse des Seeteufels gewonnen.

LOTHAR EIERMANN

Oben: Lachs und Kalb im Blätterteigmantel mit Basili-
kumsauce. – Saumon et veau en feuilletage, sauce au
basilic. Rezept Seite 23

Rechts: Loup de mer mit Kaviar in Safransauce. – Loup
de mer au caviar à la sauce au safran. Rezept Seite 46

Hans Peter Wodarz

Steinbuttfilets mit Soufflé von Jakobsmuscheln und Rogen

Filets de turbot au soufflé
de corail de coquilles Saint-Jacques

Das Soufflé kann seines Erfolges allein schon wegen der schönen Farbe sicher sein. Der Wermut muß dezent verwendet werden, sonst verdirbt er das Gericht. Der Steinbutt sollte von ausgewachsenen Exemplaren stammen. Im allgemeinen sind die Turbotin mit dem weichen Fleisch angenehmer, jedoch eignen sie sich nicht für ein Soufflé.

Zutaten für 4 Portionen:

1 kg Steinbuttfilet

Für die Farce:

250 g Jakobsmuscheln mit ihrem Corail (Rogen)

Salz

Weißer Pfeffer

1 Teelöffel Speisestärke

2 ganze Eier

100 g frische Sahne

1 Likörglas trockener weißer Wermut

50 g Butter

Vorbereitungen:
Das Filet kalt abspülen, abtropfen lassen und in 8 gleiche Stücke schneiden.
Für die Farce die Jakobsmuscheln auslösen, gründlich den Sand abspülen, das Muschelfleisch grob zerschneiden, im Elektromixer mit Salz, weißem Pfeffer und der Stärke 5 Minuten pürieren, wobei man darauf achten muß, daß die Masse kalt bleibt. Eventuell einen oder zwei Eiswürfel zugeben. Dann die Eier zufügen, Mixer wieder 1 Minute laufen lassen, dann anhalten, die Sahne und den Wermut einfließen lassen, wieder 1 Minute mixen, dann die Masse mit einem Spatel herausnehmen und zugedeckt eine Stunde im Kühlschrank ruhen lassen.
Alufolie in 4 große gleiche Quadrate zerschneiden.

Zubereitung:
Die Folienquadrate mit der Butter bestreichen und jeweils ein Stück Steinbuttfilet auflegen. Dann die Hälfte der Farce mit einem Spatel darüberstreichen, wieder ein Filet daraufsetzen und den Rest der Farce darüberverteilen, so daß auch die Seiten davon bedeckt sind. Die Alufolienseiten hochklappen und die Ecken zusammenkneifen. Die Folienpäckchen auf ein Blech setzen und im Backofen im Wasserbad 10 Minuten lang bei 200° C garen. Das Soufflé soll dabei aufgehen, aber nicht bräunen.
Die Steinbuttfilets mit den Soufflés aus den Folien nehmen und auf vorgewärmten Tellern anrichten.

Beilagen: Beurre blanc mit Schnittlauch, Löwenzahnsalat mit Traubenkernöl
Wein: Mâcon blanc

Anmerkung:
Man kann berechtigte Zweifel haben, ob sich Jakobsmuscheln mit ihrem so geringen Eigengeschmack überhaupt zur Herstellung eines Soufflés eignen. Wichtig ist, die Masse mit ausreichend Corail zu versetzen, während die Sahne den Geschmack wieder dämpft. Trüffelscheiben, Kräuter oder Schinkenstreifen wären als Akzent denkbar.

JACQUES MANIÈRE

Steinbuttsuprême mit Nußfarce in Champagnersauce

*Filet de turbotin au soufflé de noix
sauce au Champagne*

Der ganz junge Steinbutt, für den man den nicht ganz passenden Namen »Babysteinbutt« erfand, hat eigentlich den Charakter und die Festigkeit des Fleisches noch nicht, um bei eigenständigen Gerichten eine »gute Figur« abzugeben. Das hier beschriebene Nußsoufflé wurde für diesen Fisch eigens geschaffen und die »Verpackung« mit Salatblättern dient in erster Linie der besseren Portionierung; zur geschmacklichen Harmonie des Gerichtes trägt der gedünstete Salat nur sehr wenig bei.

Zutaten für 4 Portionen:

2 Babysteinbutte (Turbotin) je 700 g

Salz

1 Messerspitze Cayennepfeffer

3 Eiweiße

¼ l frische Sahne

60 g Walnußkerne

1 Salatkopf

Weißer Pfeffer

Saft von ½ Zitrone

3 Schalotten

5 cl Champagner

50 g Butter

1 dl steifgeschlagene Sahne

Vorbereitungen:
Die beiden Fische mit einem Tranchelard filetieren, dann die Haut abziehen. (Sie haben vier größere und vier kleinere Filets. Das hängt mit der Struktur des Körperbaus aller Plattfische zusammen, zu denen Seezunge, Heilbutt und Scholle gehören.) Die vier kleineren Filets werden zerkleinert und zweimal durch die feinste Scheibe des Fleischwolfs getrieben. In einer Schale mit Salz und dem Cayennepfeffer würzen.
1 kg Roheis zerschlagen, in einen Topf füllen, die Schale mit der Farce hineinstellen, mit einem Holzspatel nacheinander die drei Eiweiße hineinarbeiten. Sobald die Masse anzieht, die flüssige Sahne unterziehen.
Die Walnußkerne sehr fein wiegen, in die Farce geben, diese in den Kühlschrank stellen und 2 Stunden abbinden lassen.
Die Blätter des Salatkopfes abstreifen, die besten größten herausuchen. In eine Schale legen und mit gesalzenem heißen Wasser blanchieren, danach die Blätter sofort in kaltes Wasser legen, dann abtropfen lassen und auf dem Tisch ausbreiten.
Die Gräten und Köpfe der Steinbutte zerschlagen. In einem Sautoir 2 l Wasser mit Salz, weißem Pfeffer, dem Zitronensaft, den gepellten und feingeschnittenen Schalotten 10 Minuten kochen lassen. Dann den Fischfond durch ein Spitzsieb in einen Topf abseihen.

Zubereitung:
Die 4 verbliebenen größeren Fischfilets auf dem Tisch ausbreiten. Etwas plattieren, die Nußfarce gleichmäßig darauf auftragen, die Filets übereinanderschlagen und etwas andrücken. In je zwei blanchierte Salatblätter fest einwickeln. Mit dem Blattschluß nach unten in den Fond einlegen, 8 Minuten pochieren.
Danach die Päckchen herausnehmen und warm stellen. Den Fond auf ¼ l Menge reduzieren, den Champagner unterziehen, die Butter und die steifgeschlagene Sahne unterheben. Den Geschmack korrigieren.
Zum Anrichten mit der Sauce einen Spiegel auf jeden der vorgewärmten Teller gießen und die Filets einzeln auf den Tellern anrichten.

Beilagen: Tournierte Gemüse der Jahreszeit, zum Beispiel Gurken, Karotten, 2 Minuten in gesalzenem Wasser pochiert, mit Butter überglänzt
Wein: Mâcon

BERTOLD SIBER

Filet vom Babysteinbutt in Sektsahne

Filet de turbotin à la sauce crème au vin mousseux

Das Originalrezept hat als Zutat einen Sekt namens »Tradition«, der vorzüglich zu diesem Gericht paßt. Der Babysteinbutt – man hat noch keinen besseren Namen gefunden! – ist tatsächlich ein kleiner junger Steinbutt, vielleicht doppelt so groß wie eine Scholle. Das Fleisch des Babysteinbutts ist besonders zart, für viele Steinbuttgerichte allerdings fast zu zart und weich. Für das hier beschriebene Gericht paßt jedoch der kleine Steinbutt vortrefflich.

Ich meine, dieses Gericht sollte sich auch kalt gut eignen. Kalt im Sinne von lauwarm, nicht also künstlich gekühlt. Anstelle der aufgeschlagenen Sauce würde man auch mit einer kaltgerührten zartsäuerlichen Vinaigrette oder Crèmesauce variieren können.

Zutaten für 2 Portionen:

1 Salat Romaine
1 Babysteinbutt
Salz
40 g Sellerieknolle
40 g Möhren
40 g Weißes vom Porree (Lauch)
80 g Butter
4 dl Crème fraîche
¼ l Sekt »Tradition«
½ Lorbeerblatt

Für die Sauce:

50 g Butter
Salz
½ Teelöffel Glutamat

Vorbereitungen:
Den Salat putzen und die welken Blätter entfernen, waschen, eine Minute blanchieren, sofort in eiskaltes Wasser tauchen, damit die Blätter fest bleiben, dann abtropfen lassen und auf dem Tisch ausbreiten. In zwei Portionen teilen.

Den kleinen Steinbutt filetieren, häuten, salzen und die Filets paarweise auf je ein Salatbett legen. Die Gemüse (Sellerie, Möhren, Porreeweiß) putzen und in Juliennes schneiden.

Zubereitung:
Die Steinbuttfilets mit den darunterliegenden Salatblättern zu einer Rolle formen. Ein Sautoir mit der Butter reichlich ausstreichen, darauf eine dünne Schicht von Juliennes legen, dann die beiden Steinbuttrollen daraufsetzen und mit Juliennes bestreuen. Die Crème fraîche mit dem Sekt vermischen, über die Steinbuttrollen gießen, jeweils ein Stück Lorbeerblatt darauflegen, auf dem Herd einmal aufstoßen lassen, dann im Backofen bei 180° C 12 Minuten lang bedeckt dämpfen.

Dann die Fischrollen herausnehmen und warm stellen. Für die Sauce den Fond in einem Kasserol auf die Hälfte reduzieren, mit der Butter montieren, mit Salz und Glutamat den Geschmack korrigieren. Die Steinbuttrollen in vorgewärmten Suppentellern anrichten, darüber die verbliebenen Juliennes verteilen und den Fisch mit dem reduzierten Fond beträufeln.

Beilage: Risotto
Wein: Saar-Riesling

GÜNTER SCHERRER

Steinbuttfilet Ludwig Schnitzbauer mit Tomaten und Schalottenbutter

*Filets de turbot aux tomates concassées
et beurre d'échalotes*

Armin Scherrer hat dieses Gericht seinem verehrten Lehrmeister gewidmet, dem langjährigen Küchendirektor des Hamburger Atlantic Hotels, Ludwig Schnitzbauer. Interessant ist das Tranchieren in piccata-ähnliche Filetstücke, wie man sie sonst vom Kalbsfilet her kennt. Die Tomaten erhalten durch Schalotten und Estragon einen besonderen Pfiff, während das Gericht sonst einfach ist.

Zutaten für 4 Portionen:

600 g Filet vom Steinbutt
1 Tasse Weißwein
1 Tasse Demiglace de poisson
Meersalz
Weißer Pfeffer
10 g Estragonblätter
50 g Butter
30 g Schalotten
Weißer Pfeffer
Paprikapulver
200 g Tomaten
120 g Taglierini (2 mm breite Streifennudeln)
50 g Trüffeln
1 Teelöffel Tomatenmark
1 Tasse Glace de poisson
50 g Möhren
50 g Zucchini
50 g Butter
1 Messerspitze geriebene Muskatnuß

Vorbereitungen:
Die Steinbuttfilets in 20 kleine piccata-artige Stücke schneiden. Eine Plat russe mit dem Weißwein, der Demiglace de poisson, Meersalz, weißem Pfeffer und den Estragonblättern versehen und die Fischblätter darauflegen. Im Backofen bei 180° C in etwa 3 Minuten steif werden lassen.
Die Butter in einem Kasserol cremig werden lassen. Die Schalotten pellen und fein würfeln und in der Butter mit je einer Messerspitze weißem Pfeffer und Paprikapulver glattrühren, wobei die Butter wieder abkühlen und fester werden soll.
Die Tomaten einritzen, blanchieren, enthäuten, halbie-
ren, ausdrücken, die Stücke kleinschneiden und in einem Kasserol kurz angehen lassen.
Die Nudeln in gesalzenem Wasser al dente kochen, abschrecken und abtropfen lassen.
Die Trüffeln in Juliennes schneiden.

Zubereitung:
In einem Kasserol die Schalottenbutter wieder erwärmen, das Tomate concassée darin mit dem Tomatenmark, der Glace de poisson, dem Fond vom gedünsteten Steinbutt vermischen und kochen lassen, wobei die Flüssigkeit auf 1 Drittel verdampfen sollte, um eine sämige Sauce zu erzielen.
Die Möhren und die Zucchini roh in Juliennes schneiden, in der Butter angehen lassen, dazu die abgetropften Nudeln geben, durchschwenken, mit Salz, Pfeffer und dem Muskat würzen.
Zum Anrichten aus der Sauce auf jedem der vorgewärmten Teller einen Spiegel gießen, darauf die mit Gemüsen gemischten Nudeln als Hügel aufbauen und auf die Sauce die Steinbuttscheiben legen, die mit den Trüffeljuliennes überstreut werden.

Beilage: Reis
Wein: Rheingauer Riesling

ARMIN SCHERRER

Steinbutt mit Langustinenschwänzen

Blanc de turbot
aux queues de langoustines

Es gibt viele Feinschmecker und Köche, die den Geschmack der frisch gekochten Langustinen dem von Langusten, ja selbst von Hummer, vorziehen. Emile Jung stellt hier eine glückliche Verbindung zwischen Fisch und Schaltier her.

Zutaten für 8 Portionen:

1,6 kg Langustinen	
5 cl Olivenöl	
3 dl Weißwein	
1 dl Cognac	
1 Zweig Estragon	
3 Tomaten	
1 Zwiebel	
1 Schalotte	
4 Knoblauchzehen	
1 Zweig Thymian	
½ Lorbeerblatt	
3,2 kg Steinbutt	
½ l Crème fraîche	

Vorbereitungen:
Die Langustinen werden gekocht und ausgelöst. Die Karkassen zerschlagen und im Olivenöl angehen lassen. Den Weißwein und den Cognac dazugießen, den Estragon, die zerschnittenen Tomaten, die geviertelte Zwiebel, die geviertelte Schalotte, die gepellten grob zerdrückten Knoblauchzehen sowie Thymian und Lorbeerblatt dazugeben. Alles 30 Minuten kochen lassen, dann abseihen und in einem Topf auf die Hälfte einkochen. Mit ¼ l Wasser aufgießen und wieder zum Kochen bringen. Diese Reduktion in eine feuerfeste Schale gießen. Die ausgelösten Langustinen in diesem Fond kurz aufkochen.

Zubereitung:
Das Stück Steinbutt in 8 gleiche Teile schneiden, die größeren Gräten möglichst entfernen. Die Haut abziehen. Diese ausgelösten Stücke in den Langustinenfond legen und im Backofen bei 220° C in 12 Minuten garen. Die Stücke dann aus dem Fond heben und auf vorgewärmte Teller legen. Den Fond erneut erhitzen und reduzieren, die Crème fraîche einrühren, bis eine gute Saucenkonsistenz erreicht ist. Diese Flüssigkeit jetzt durch ein feines Sieb gießen. Die Langustinenstücke darin 2 Minuten erwärmen, dann auf den vorgewärmten Tellern verteilen.

Beilage: Fleurons
Wein: Elsässer Riesling Spätlese

Anmerkung:
Trotz der längeren Zutatenliste handelt es sich im Grunde um ein einfaches Gericht. Wie sehr Emile Jung die klassische Küche liebt und weiter unterstützt, erkennt man an der strengen Vorschrift für die Reduktion. Der Steinbutt kann durch Heilbutt ersetzt werden; schließlich auch durch die preiswerteren Arten Thun und Makrele.

EMILE JUNG

Heilbuttschnitzel mit Zucchini

Escalopine de flétan aux courgettes

Der Heilbutt gilt bei vielen Köchen als der unbedeutendere Bruder des kleineren, teureren Steinbutts. Armin Scherrer nimmt sich hier dieses Bruders an, und zwar in einer ungewöhnlichen Zubereitungsform. Er sagte mir, daß er die Idee zu diesem Gericht bei den Japanern abgeguckt habe. Natürlich hat er sie jedoch weiterentwickelt und verändert, wie es sich gehört.

Dies ist ein sehr gutes À-la-minute-Gericht, wobei sogar die Sauce im Salamander neu erhitzt werden, und daher im Mise en place sein kann. Interessant an diesem Rezept ist, daß das schiere Heilbuttfleisch, in 3 mm dicke Scheiben geschnitten, nur ganz kurz gegart wird. Es ist eine schöne Art, den Fisch so, mit Gemüse und Sauce gratiniert, zu servieren.

Zutaten für 4 Portionen:

500 g schieres Heilbuttfleisch	
200 g Zucchini	
Salz	
½ Knoblauchzehe	
40 g Butter	
Weißer Pfeffer	

Für die Sauce:

1 Tasse Fischfond aus den Gräten und der Haut des Heilbutts gekocht	
1 Tasse frische Sahne oder Crème fraîche	
½ Tasse Weißwein	
1 Tasse steife Sahne (ungesüßte Schlagsahne)	
1 Tasse Sauce hollandaise	

Ferner:

50 g Butter	
Salz	
Weißer Pfeffer	
1 Bund Basilikumblätter	
1 Eßlöffel Mie de pain	
1 Teelöffel geriebener Parmesankäse	

Vorbereitungen:

Den Fisch in vier 3 mm dicke Scheiben schneiden. Die Zucchini an beiden Seiten stutzen, dann in Taler schneiden, ebenfalls etwa 3 mm dick. In gesalzenem Wasser blanchieren, abtropfen, in einem Kasserol mit geriebener Knoblauchzehe, Butter, Salz und Pfeffer angehen lassen. Zucchini werden schnell weich, weshalb man diese Zeit kurz halten kann.

Für die Sauce den Fischfond in einem Kasserol erwärmen, mit der Sahne vermischen und zusammen auf die halbe Menge reduzieren, dann mit dem Weißwein, der steifen Schlagsahne und der Sauce hollandaise am Herdrand (geringe Wärme) montieren.

Zubereitung:

Große flache Teller mit Butter ausstreichen, mit Salz und Pfeffer bestreuen. Darauf die dünnen Fischscheiben legen; wenn gestückelt werden muß, alle Teile nebeneinander legen, nie übereinander, weil der Fisch sonst nicht richtig garen kann.

Auf den Fisch kommen die Zucchinitaler und die in breite Streifen geschnittenen Basilikumblätter, die roh bleiben.

Darüber die Sauce gießen, reichlich aufgetragen. Das Mie de pain mit dem Parmesankäse vermischen, als letztes obenauf streuen.

Die Teller so in den Salamander stellen; Fisch und Gemüse brauchen dort etwa 3 Minuten. Genau aufpassen: Die Oberfläche soll nur goldgelb werden!

Beilage: Baguette
Wein: Muscadet sur lie

ARMIN SCHERRER

Rochenflossen in Joghurtsülze mit Kaviar

Nageoires de raie au yaourt en gelée au caviar

Hier wird ein ebenso einfallsreiches wie extravagantes Gericht aus der kulinarischen Denkfabrik des jungen Albert Bouley vorgestellt. Rochen werden sonst eigentlich immer auf die gleiche Weise gebraten und mit brauner Butter serviert. Dazu gibt es einfach Salzkartoffeln, selbst in feinen französischen Restaurants. Anstelle von Rochenflossen könnte man auch Haifischflossen nehmen, die etwa die gleiche Struktur haben. Der Kaviar ist natürlich nicht austauschbar, schon gar nicht mit minderen Sorten wie roter Keta oder goldfarbenem Forellenkaviar.

Zutaten für 4 Portionen:
Für die Rochenflossen:

1,2 kg Rochenflossen

½ Flasche Champagner demi-sec

2 Eßlöffel frische Dillsaat

Cayennepfeffer

Salz zum Pochieren

Ferner:

120 g Sevruga-Kaviar

Für das Gelee:

300 g magerer Joghurt

100 g Crème fraîche

100 g frische Sahne

Salz

2 Teelöffel grüne Pfefferkörner

2 Dillstengel

1 Knoblauchzehe

2 Schalotten

1 Bund Schnittlauch

6 Blatt weiße Gelatine

1 Bund Dillblätter

4 Eßlöffel gehackte krause Petersilie

Vorbereitungen:
Die Rochenknorpel auslösen, die Haut abziehen, die Rochenflossen gründlich kalt abspülen. Den Champagner in ein Kasserol ausgießen und die abgezogenen Flossen einlegen. Dazu etwas Dillsaat, eine Winzigkeit Cayennepfeffer und Salz. Das Kasserol 2 Stunden offen stehen lassen, es dann mit seinem Inhalt auf den Herd stellen und diesen 7–10 Minuten bei 65–70° C pochieren. Die Flossen in der Flüssigkeit auskühlen lassen.
Den Kaviar auf einem Haarsieb ausbreiten, kurz überspülen und auf einem Küchenpapier antrocknen lassen.
Den Joghurt in eine Schale ausgießen und mit dem Schneebesen die Crème fraîche und die frische Sahne einrühren, in einem Wasserbad leicht erwärmen, Salz, die grünen Pfefferkörner, die Dillstengel und die gepellte und zu Saft ausgedrückte Knoblauchzehe zugeben. Dann 10 Minuten beiseite stellen. Die Schalotten pellen und fein zerschneiden, ebenfalls in die Joghurtcrème legen, den Schnittlauch schneiden und auch zufügen. Dann alles zusammen nach 2–3 Minuten des Durchziehens durch ein Haarsieb gießen.
Die Gelatineblätter in kaltem Wasser einweichen und in der Joghurtcrème auflösen.
Die Dillblätter und die gehackte Petersilie im Mixer pürieren und dann durch ein Tuch oder die Knoblauchpresse geben, so daß nur etwas vom grünen Saft austritt, mit dem die Joghurtcrème lindgrün gefärbt werden kann.
Sobald die Gelatine zu wirken beginnt, den trockenen Kaviar unterziehen.

Zubereitung:
Eine Kastenform mit einem Spiegel des Joghurtgelees ausgießen, dann vom Fleisch des Rochens Schichten einlegen, die jeweils wieder mit dem hellgrünen Gelee (natürlich bevor es gestockt ist) zugegossen werden. Dann die Oberfläche mit einem Deckel oder Brett belegen und einem leichten Gewicht beschweren. 10 Stunden im Kühlhaus völlig auskühlen lassen. Dann stürzen. Zum Anrichten die Sülze in dicke Scheiben schneiden und auf den Tellern anrichten. Man kann das Gelee mit Rochen und Kaviar natürlich auch in Portions-Darioles eingießen, die man auf die Teller stürzt.

Beilagen: Kleiner Salat aus Juliennes von feinen Gemüsen in Sherryessig
Wein: Chassagne Montrachet

ALBERT BOULEY

Rochenflügel in weißer Butter mit rosa Pfeffer

Ailerons de raie au beurre blanc au poivre rose

Der Rochen ist ein besonders delikater Fisch, dessen dünne Flossenspitzen »Flügel« genannt werden. Sie bestehen aus gelatinösen Fäden. Die Sauce soll nur nach Butter schmecken. Die rosa Pfefferkörner geben lediglich einen Hauch von Gewürz. Veränderungen des Rezeptes sind nicht zu empfehlen.

Zutaten für 4 Portionen:
1 kg Rochenflügel

Für den Weinsud:
50 g Weißes vom Porree (Lauch)
30 g Möhren
30 g Knollensellerie
0,2 l trockener Weißwein
0,3 l Fischfond

Ferner:
120 g Blattspinat
30 g Butter
Salz
Weißer Pfeffer

Für die Beurre blanc:
2 Schalotten
300 g Butter
⅛ l Weißwein
4 warme Blätterteighäuser (Bouchées)
Salz
5 g rosa Pfeffer

Vorbereitungen:
Die Rochenflügel waschen.
Den Porree, die Möhren und den Knollensellerie putzen, waschen und zu Julienne schneiden.
Diese Gemüse in einem Kasserol mit dem Weißwein und dem Fischfond blanchieren.
Den Spinat verlesen, waschen, blanchieren und ausdrücken. Mit der Butter, Salz und weißem Pfeffer mischen, dann warm stellen.
Für die Beurre blanc die Schalotten pellen und in feine Würfel schneiden. In einem Sautoir unter ständigem Schlagen die Butter zergehen, aber nicht flüssig werden lassen. Das Schalottenmus zugeben, immer weiter schlagen und dann den Weißwein zugießen, vom Herd nehmen und solange schlagen, bis die Butter weiß und fast kühl ist.

Zubereitung:
Die Gemüse mit dem Weinsud in einem Sautoir erwärmen, die Rochenflügel darauflegen, 10 Minuten bei schwacher Hitze pochieren, die Flügel wieder herausnehmen, die Haut von beiden Seiten abziehen. Dann mit einer breiten Palette bei der dickeren Seite der Flosse beginnend, das Fleisch mit einem Zug von den Gräten lösen, die Flügel umdrehen und das Fleisch ebenfalls abziehen.
Den Fond daraus jetzt bis auf 1 zehntel Liter einkochen und dann in die Beurre blanc einmontieren, salzen.
Die warmen Blätterteighäuser quer in Drittel teilen und auf den vorgewärmten Tellern lagenförmig mit Rochenfleisch, Blätterteigring, Spinat, Rochen und dann Beurre blanc aufbauen. Die rosa Pfefferkörner obenauf streuen. Keine Beilage!

Wein: Fränkischer Riesling

GÜNTER SCHERRER

Rochenflügel mit Seeigeln

Ailerons de raie aux oursins

Die Zubereitung à la nage bietet sich für den Rohstoff Rochenflügel besonders an. Die Flügel haben viele Gräten und die Fleischausbeute ist gering. Man muß deshalb doppelt so viel Gewicht rechnen als bei schieren Fischfilets.

Das Gericht steht und fällt mit den frischen Seeigeln, die durch nichts zu ersetzen sind und die nur lebendfrisch verarbeitet werden können. Wichtig ist auch, daß das Innere des Seeigels roh bleibt. Allenfalls kann etwas Wärme vom vorgeheizten Teller aufgenommen werden.

Zutaten für 2 Portionen:

2 Rochenflügel
½ Möhre
1 Porreestange (Lauchstange)
¼ Fenchelknolle
1 Zwiebel
¼ l Weißwein
½ Thymianzweig
Salz
Pfeffer
¼ Lorbeerblatt
4 große Seeigel
½ dl Crème double
2 Eigelbe
50 g Butter
4 Broccolirosen

Vorbereitungen:
Die Rochenflügel auslösen, soweit es geht. Die Möhrenhälfte, das Weiße der Porreestange, das Fenchelviertel für eine Nage putzen und in Streifen oder Scheiben schneiden, die Zwiebel pellen und in Scheiben schneiden. Blanchieren und in einer Mischung aus dem Weißwein mit dem Thymianzweig, ½ l Wasser, Salz, Pfeffer, dem Lorbeerblatt einmal aufkochen und dann bei schwacher Hitze ziehen lassen.
Die Seeigel aufschneiden, die hellroten Rogen herausnehmen, auf einen Teller legen und diesen warm stellen.

Zubereitung:
Die Nageflüssigkeit vom Gemüse abgießen und in einem Kasserol auf die Hälfte einkochen, die Crème double dazugeben, wieder auf die Hälfte einkochen, vom Herd nehmen, die Eigelbe in die reduzierte Flüssigkeit hineinschlagen, den Geschmack korrigieren, mit der Butter in Flocken montieren.
Die Flügel mit den Gemüsestreifen oder -scheiben auf den vorgewärmten Tellern anrichten. Die gekochten Broccolirosen und die Seeigelrogen dazulegen. Den Seeigelsaft in die Sauce geben und die Flügel mit der Sauce nappieren.

Beilage: Fenchelpüree (Rezept Seite 113)
Wein: Pouilly Fumé

HANS PETER WODARZ

Frischer Thunfisch mit zwei Saucen

Thon aux deux sauces

Keiner kann sagen, warum dieser famose Fisch in der feinen Küche so stiefmütterlich behandelt wird. Nur die italienischen Hausfrauen und Köche haben ein bestimmtes Thunfisch-Rezeptrepertoire. Am bekanntesten ist hierbei die Thunfischsauce zu Kalbsbraten, die ein Rudiment aus der altrömischen Kochkunst-Ära darstellt.

Zutaten für 4–6 Portionen:

500 g Kalbsschulter oder Kalbsnuß, ohne Fett

125 g weißer Thunfisch in Olivenöl eingelegt

3 gewässerte Sardellenfilets

2 Gläser trockener Weißwein

1 Zwiebel

1 Möhre

2 Gewürznelken

Salz, Weißer Pfeffer

4 Eßlöffel Olivenöl

Saft von ½ Zitrone

1 Teelöffel Zucker

1 Eßlöffel weißer Estragonessig

1 Teelöffel Kapern

Für den Coulis:

6 vollreife Tomaten

1 Schalotte

1 Messerspitze geriebener Knoblauch

4 Eßlöffel Jungfernöl

Salz, Weißer Pfeffer, 1 Prise Zucker

Außerdem:

1 kleinen ganzen frischen Thunfisch

1 Teelöffel Rosmarinblätter

4 Eßlöffel Olivenöl

Vorbereitungen:
Das Kalbfleisch parieren und in eine Schale legen. Dazu kommen das Öl vom Thunfisch, die Sardellenfilets, der Weißwein, die gepellte Zwiebel, die geputzte Möhre (beide feingeschnitten) und die Gewürznelken. Zudecken und 12 Stunden ziehen lassen.
Dann die Marinade in eine andere Schale abschütten. Das Fleischstück mit Küchenkrepp abtrocknen, mit Salz und weißem Pfeffer einreiben und in einem Sautoir

in der halben Menge Olivenöl scharf anbraten, dann die Marinade wieder dazugießen und im Backofen bei geschlossenem Deckel 40 Minuten lang mijotieren.
Das Sautoir mit dem Sud kühlstellen und das Fleisch danach herausnehmen. Denn es wird für dieses Gericht nicht mehr benötigt. Den Sud jetzt passieren und im Elektromixer mit dem marinierten Thunfisch aus der Dose pürieren. Salz, Pfeffer, den Zitronensaft, den Zucker, den Estragonessig, die Kapern und das restliche Olivenöl nach Geschmack und Aufnahmebereitschaft dazugeben. Für den Coulis die Tomaten waschen, 3 Sekunden überbrühen, kalt abschrecken, die Haut abziehen, die Tomaten aufschneiden, Kerne und Saft herausdrücken, das Tomatenfleisch würfeln.
Die Schalotte pellen, auch in kleine Würfel schneiden, mit dem Knoblauch im Jungfernöl anschwitzen, ohne Farbe geben zu lassen, mit Salz, Pfeffer, dem Zucker abschmecken und dann pürieren oder passieren.

Zubereitung:
Den frischen Thunfisch in Tranchen von 100 g schneiden, wobei jede Portion aus zwei Scheiben besteht. Die Rosmarinblätter mit dem Olivenöl im Elektromixer sehr fein pürieren. Die Thunfischscheiben in dem präparierten Öl marinieren. Auf einen vorgeheizten Grill oder in eine Pfanne geben und sehr kurz auf beiden Seiten braten. Auf vorgewärmte Teller verteilen. Salz und Pfeffer darüberstreuen, die Thunfischsauce unter oder neben den Fisch gießen; den Tomaten-Coulis als zweite Sauce dazugeben oder à part servieren.

Beilagen: Brot oder provenzalische Kartoffeln
Wein: Chianti classico

Anmerkung:
Man kann statt der zwei Scheiben Thunfisch auch eine größere Scheibe schneiden, à l'anglaise panieren und mit Tomaten-Coulis sowie Thunfischsauce servieren. Ebenso ist die Verbindung der beiden Saucen mit einem gebratenen Kalbsbries möglich.
Auf Eier wird in dieser Thunfischsauce verzichtet (abweichend von der klassischen Vitello-Tonnato-Sauce).

ECKART WITZIGMANN

Oben: Salat von Jakobsmuscheln mit lauwarmen Austern, Gemüsen und Grapefruit. – Salade de Saint-Jacques et d'huîtres tièdes, de légumes et de pamplemousse. Rezept Seite 73

Unten: Meine Fischterrine. – Terrine de poisson ma façon. Rezept Seite 68

Links: Barschnitzel mit Kerbeltomatensauce und Kressepüree. – L'escalopine de bar atlantique à la sauce vierge. Rezept Seite 50

Patrick Juveneton

Meine Fischterrine

Terrine de poisson ma façon

Bild Seite 67

Eine der vielen Fischterrinen-Varianten, mit der die Küchenliteratur ganz gut bestückt ist. Die Komposition der als Einlage dienenden aromatischen Fischarten harmoniert mit der aus reinem Hechtfleisch bestehenden Farce, die zugleich als »Bindung« dient. Es ist ein Gericht, das warm wie kalt serviert werden kann. Kalt als Vorgericht mit entsprechenden gekräuterten Saucen oder mit Kaviar (Sauce moscovite), warm ebenfalls als Vorgericht oder als eigener kleinerer Fischgang innerhalb eines Menüs, mit Salaten, Beilagen und so weiter.

Zutaten für 10 Portionen:

1 kg verschiedene Fische in einer gleichen Mischung, bestehend aus Dorade, Rouget, Bar und Coquilles Saint-Jacques

Salz

Pfeffer

¼ l Olivenöl

Für die Farce:

1½ kg Hechtfleisch

4 Eiweiße

3 ganze Eier

Salz

Pfeffer

½ Weinglas weißer trockener Wermut aus Frankreich

2 l Crème double

Geriebene Muskatnuß

Für die Gemüseeinlage (wahlweise):

1 Möhre

10 Prinzeßbohnen

1 Tasse kleine Gartenerbsen

Vorbereitungen:
Die Fische putzen und parieren, so daß ansehnliche mundgerechte Stücke entstehen, die später in der Farce eingehüllt waagerecht in der Form liegen sollen und mittranchiert werden müssen.
Die Fischstücke in einer Schale, gewürzt mit Salz, Pfeffer und mit einigen Tropfen des Olivenöls beträufelt, marinieren lassen.
Für die Farce den Hecht putzen, entgräten, das Fleisch grob zerschneiden, möglichst kalt oder mit einigen Würfeln Roheis im Elektromixer fein pürieren, die Eiweiße fast gefroren dazugeben und dann auch die Eier, weitermixen, salzen, pfeffern, dann den Wermut und die eine Hälfte der Crème double hinzufügen. Die Masse aus dem Mixer in eine Schale umfüllen und die andere Hälfte der Crème double mit einem Schneebesen unterziehen. Nicht rühren, weil sonst die Bindung verlorengehen kann. Die Gemüse putzen, waschen, die Möhre in dünne Stifte schneiden, die Bohnen senkrecht spalten, die Erbsen blanchieren und sofort in geeistem Wasser abschrecken, damit sie knackig und grün bleiben. Die Möhre, die Prinzeßbohnen ebenfalls, aber etwas länger, blanchieren. Dann auch die Gemüse mit einigen Tropfen des Olivenöls beträufeln.

Zubereitung:
Eine ofenfeste Form ausstreichen, wozu man wieder etwas Olivenöl nimmt. Die Fischstücke einzeln und nach Arten getrennt, mit der Hechtfarce einhüllen. Das untere Drittel der Form mit Hechtfarce füllen, die Fischfilets in ihrer Hülle waagerecht hintereinander, nach Sorten geordnet, einlegen, die Gemüse mit der restlichen Hechtfarce vermischen und jetzt damit die Form zustreichen. Wer will, kann die Gemüse auch in die ganze Hechtmasse einbringen, so daß der Anschnitt noch bunter wird. Man kann die Fischfilets auch in zwei Etagen übereinander schichten oder sie kleeblattartig in die Farce legen.
Dann die obere geglättete Schicht mit dem restlichen Olivenöl bestreichen und im Backofen bei 180° C 45–50 Minuten lang backen, wobei die Oberfläche gegen Bräunung abgedeckt werden kann, wozu sich Pergamentpapier oder Alufolie eignen.
Wenn die Terrine kalt serviert werden soll, erst nach dem vollständigen Auskühlen stürzen und tranchieren. Sonst lauwarm stürzen und tranchieren. Man kann die Scheiben auch nach dem kalten Tranchieren im Salamander kurz flämmen und dazu mit etwas Hollandaise überziehen.

Beilagen: Kleiner Salat, Kerbelcrème, mit dem Löffel ausgestochen, Kresseblätter und Trüffelscheiben locker darübergestreut
Wein: Loire-Weißwein

PATRICK JUVENETON

Tiefseeconsommé mit Algenstreifen und Hummer, Klößchen vom Meerwolf

Consommé de poissons de mer aux algues homard et quenelles de loup de mer

Es wird hier nicht der Fond für die normalen Fischsuppen, sondern eine Consommé mit Muschelfumet verwendet. Die starken Gewürze dürfen nur in geringen Mengen zugegeben werden. Der Fischimporthandel bietet auch solch ungewöhnliche Rohstoffe, wie Etrilles und Passe-Pierres, relativ regelmäßig an.

Zutaten für 12 Portionen:

2 kg Etrilles

1 kg Hummer

5 cl Cognac

0,1 l Muscadet

1 Bouquet garni

1 Zweig Dill

½ Teelöffel Kümmel

Cayennepfeffer

Salz

0,5 l Consommé double

0,7 l Royal

20 g Passe-Pierre-Algen

Für die Quenelles:

50 g Meerwolffilet

1 Eßlöffel gehackte Petersilie

2 Eßlöffel gehackte Dillblätter

5 cl Sahne

Salz

Weißer Pfeffer

1 Messerspitze Muskatblüte

50 g rohes Hummerfleisch

Vorbereitungen:
Die rohen Etrilles und den Hummer zerschneiden und im Mörser zerstoßen. In einer Sauteuse diese Masse kurz angehen lassen, mit Cognac löschen, abbrennen, mit dem Muscadet löschen und mit ½ l Wasser auffüllen.
Das Bouquet garni, den Dill, den Kümmel, Cayennepfeffer und Salz zugeben und alles 2 Stunden lang bei schwacher Hitze kochen oder besser, kurz vor dem Siedepunkt halten. Dann die Mischung passieren, den Fond mit der Consommé mischen und den Geschmack korrigieren.

Die Royal mit den Passe-Pierre-Algenstreifen vermischen und diese wenn nötig kleinschneiden. Die Mischung in 12 Suppentassen verteilen, wobei der Boden jeweils gerade gut bedeckt sein soll. Diese Tassen ins Bain-Marie stellen und den Inhalt pochieren, so daß eine grün-gelbe Schicht von ½ cm Dicke entsteht.
Für die Quenelles das Meerwolffilet zerschneiden und mit der Petersilie, den Dillblättern und der Sahne, Salz, weißem Pfeffer und der Muskatblüte sowie 2 Eiswürfeln im Mixer sehr fein pürieren. Dazu das kleingeschnittene Hummerfleisch geben. Mit einem nassen Teelöffel Quenelles abstechen und in der Consommé kurz garziehen lassen. Dann herausnehmen und in warmes Wasser legen.
Zum Anrichten die Consommé in die Tassen mit der pochierten Royal-Algenschicht gießen und auch die Quenelles hineingeben.

Beilage: Melbatoast

Anmerkung:
Man kann auch zwei verschiedene Sorten Quenelles herstellen, die eine aus Meerwolf und die andere aus Hummer und diese beiden Quenelles jeweils in den Tassen mit der Consommé anrichten.

GÜNTER SCHERRER

Austerneintopf

Fumet de belons

Bekannt ist der Hummereintopf, der bereits eine Ableitung der französischen Petite marmite ist. Hier also handelt es sich um den Austerneintopf, der bei bescheideneren Verhältnissen möglicherweise mit Muscheln zubereitet werden kann. Eventuell könnte man auch Würfel von Steinbutt oder Filetstücke von Makrelen nehmen. Dies aber würde den Gehalt des Gerichtes bereits beeinträchtigen. Emile Jung weist zu Recht ausdrücklich auf die Qualität des Fischfonds hin.

Zutaten für 4 Portionen:
Für den Fond:

400 g Gräten und Köpfe von Seezungen

½ l herber Weißwein

1 Zwiebel

Das Weiße einer Porreestange (Lauchstange)

50 g Sellerieknolle

¼ l trockener weißer Wermut

Ferner:

16 Austern (Belons)

1 dl Crème fraîche

2 Eigelbe

Salz

Weißer Pfeffer

Cayennepfeffer (eventuell)

Für die Garnitur:

1 Möhre

50 g Sellerieknolle

50 g Weißes vom Porree (Lauch)

Vorbereitungen:
Zuerst den hervorragenden Fond bereiten. Hierzu die Gräten und Köpfe von Seezungen oder anderen Edelfischen zerschlagen und in einem Sautoir mit dem Wein, der gepellten und zerschnittenen Zwiebel, dem Porreeweiß in Stücken, der geschälten, jedoch unzerteilten Sellerieknolle und dem Wermut 30 Minuten kochen lassen. Dann durch das Haarsieb seihen. Die Gemüse, wenn möglich, für einen anderen Zweck verwenden.

Zubereitung:
Den gewonnenen Fond auf die gewünschte Menge reduzieren.
Die Austern waagrecht öffnen und das Meerwasser aus den Austern in den Fond geben. Die Austern dann von den Schalen lösen und im Fond fest werden lassen. Mit einer Schaumkelle herausheben und jeweils 4 Stück in einer Tasse verteilen, so daß 4 Portionen entstehen.
Die Crème fraîche mit den Eigelben verquirlen, dann langsam etwas heißen Fond zugießen, die cremige Flüssigkeit in den Fond zurückgießen und verrühren. Vom Herd nehmen. Den Geschmack nach Bedarf mit Salz und wenig weißem Pfeffer, eventuell mit einer Prise Cayennepfeffer korrigieren.
Die Gemüse (Möhre, Sellerie, Porreeweiß) für die Garnitur putzen, waschen und in Juliennes schneiden. Im Wasser bißfest blanchieren und abtropfen lassen. Gemischt in die Tassen verteilen und zuletzt mit dem legierten heißen Fond auffüllen.

Beilage: Weißbrot

EMILE JUNG

Austernsalat mit Jakobsmuscheln und Courgettes

Salade aux huîtres et
coquilles Saint-Jacques aux courgettes

Bild Seite 78

Dies ist einer jener modernen Salate, die so kühn zusammengestellt sind, daß es den traditionellen Gastronomen wundert. Aber sie schmecken tatsächlich gut. Dabei war es wichtig, sich zunächst von den zu stark würzenden Dressings zu lösen, um dann immer unkonventionellere Zusammensetzungen komponieren zu können. Aber auch bei diesen neuen Salaten sollen nach alter Salatmacherregel alle Bestandteile ungefähr die gleiche Konsistenz und Größe haben. Zu diesem Salat kann man die Austern auch roh dazugeben.

Zutaten für 4 Portionen:

20 große Austern (Colchester, Imperial)
30 g Butter
20 g Staudensellerie
½ dl herber Weißwein
8 grüne Spargelspitzen
60 g feinste grüne Bohnen
1 Tomate

Für die Vinaigrette:

5 g Dijonsenf
20 g Schalotten
½ dl Sherryessig
1 dl kaltgepreßtes Olivenöl bester Art
4 gehackte Basilikumblätter
Salz
Weißer Pfeffer

Ferner:

Einige Herzblätter von Kopfsalat oder Frisé
50 g rohe Champignons
20 g Brunnenkresse

Vorbereitungen:
Die Austern mit einer kleinen Bürste unter fließendem kaltem Wasser säubern, dann waagrecht öffnen und mit dem Austernöffner von der Schale lösen, aber darin belassen.
In einem Sautoir die Butter zergehen lassen, den Staudensellerie putzen, die braunen Druckstellen abschneiden, den Strunk kürzen, die Blattstücke abstreifen, auch kürzen und nun alles in sehr feine Streifen schneiden. Diese in der Butter kurz angehen lassen, die Austern mit ihrem Wasser dazugeben, dann den Weißwein zugießen und kurz aufstoßen lassen.
Nun den Topf abkühlen lassen und auf gestoßenes Eis stellen, damit der Inhalt sehr kalt wird.
Spargel und Bohnen putzen, waschen, dann 5 Minuten lang blanchieren, abtropfen und etwas auskühlen lassen, aber nicht auf Eis stellen.
Die Tomate blanchieren, enthäuten, vierteln, ausdrücken, das Fleisch würfeln.
Für die Vinaigrette alle genannten Zutaten, also Senf, Schalotten, Sherryessig, Olivenöl, Basilikumblätter, Salz und weißen Pfeffer in einer Schale glattrühren. Die Austern aus dem abgekühlten Fond nehmen und den Fond auf ein Viertel reduzieren. Ihn danach in die Vinaigrette rühren.

Zubereitung:
Spargel und Bohnen auf den Tellermitten anrichten. Eventuell kann man mit einigen Herzblättern von Kopfsalat oder Frisé unterfüttern. Die rohen Champignons erst jetzt putzen und sofort in Scheiben schneiden, zusammen mit den Selleriestreifen auf den Tellern anrichten, darauf die Austern setzen und mit der Vinaigrette beträufeln. Die Brunnenkresse an die Seite legen, dazu die Tomatenwürfel geben.

ANTON MOSIMANN

Kalbsbriesrosen mit Austern auf Blattspinat

Noix de ris de veau aux huîtres sur lit d'épinards

Die Sauce sollte man farblich wie geschmacklich in Kontrast setzen zu den beiden weißen ähnlichen Hauptbestandteilen des Gerichtes: Bries und Austern. Bei entsprechender Vorbereitung ist dieses ein gutes À-la-minute-Gericht.

Zutaten für 2 Portionen:
Für das Kalbsbries:

250 g Kalbsbries

Salz

Saft von ¾ Zitrone

10 g Butter

1 cl trockener weißer Wermut

1 cl Champagner (oder Weißwein)

1 cl Geflügelfond

Weißer Pfeffer

Für das Austernragout:

12 Austern Belon (0000)

4 cl Champagner

1 Schalotte

1 Messerspitze Curry

4 Safranfäden

4 cl frische Sahne

30 g Butter

Saft von ½ Zitrone

1 Messerspitze Cayennepfeffer

Für den Spinat:

250 g junger Blattspinat

30 g Butter

Salz

Weißer Pfeffer

1 Knoblauchzehe

Vorbereitungen:
Das Kalbsbries 12 Stunden in kaltem Wasser liegen lassen und das Wasser öfter wechseln. In einem Kasserol kaltes Wasser mit Salz und zwei Viertel des Zitronensaftes mit dem Briesstück langsam zum Aufwallen bringen und dann 5 Minuten am Herdrand ziehen lassen. Anschließend unter fließendem kaltem Wasser abschrecken und die äußeren Häute abziehen.

Eine feuerfeste Form mit der Butter ausstreichen und mit dem Wermut, dem Champagner oder Weißwein, dem Geflügelfond und dem restlichen Viertel des Zitronensaftes zum Kochen bringen. Das Bries einlegen, mit Salz und weißem Pfeffer würzen und im Backofen bei 180–200° C 25 Minuten lang saftig garziehen lassen. Für das Austernragout die Austern öffnen, das Wasser abfangen, die Körper herauslösen und entbarten. In einem Kasserol das Austernwasser mit dem Champagner und dem gewonnenen Briessud vermischen. Die Schalotte pellen und fein würfeln, ebenfalls dazugeben, außerdem den Curry und die Safranfäden. Diese Mischung auf die halbe Menge einkochen. Die Sahne dazugeben und jetzt auf sämige Konsistenz reduzieren.

Zubereitung:
Die ausgelösten Austern in dieser Sauce kurz absteifen, jedoch nicht kochen. Dann die kalten Butterflocken einschwenken. Den Geschmack mit dem Zitronensaft und dem Cayennepfeffer korrigieren.
Den Spinat in aufschäumender Butter zusammenfallen lassen, mit Salz und weißem Pfeffer würzen. Die Knoblauchzehe auf eine Gabel spießen und damit den Spinat so lange umrühren, bis er heiß geworden ist.
Zum Anrichten den Spinat auf den vorgewärmten Tellern ausbreiten, darauf das Bries legen, zuletzt das Austernragout darübergeben.

Beilagen: Weißbrot oder Reis
Weine: Weißer Burgunder oder Sancerre

Anmerkung:
Hat man sehr große Spinatblätter zur Verfügung, so müssen sie erst blanchiert werden.

ECKART WITZIGMANN

Salat von Jakobsmuscheln mit lauwarmen Austern, Gemüsen und Grapefruit

*Salade de Saint-Jacques et d'huîtres tièdes
de légumes et de pamplemousse*

Bild Seite 67

Man hat die Kombination zwischen Jakobsmuscheln und Austern häufig, aber immer wieder anders, hergestellt. Diese revolutionäre Verbindung, bei der auch Bohnen und eine Grapefruit mitbestimmend sind, stammt von Patrick Juveneton.
Wichtig erscheint mir die schonende Behandlung der Muscheln, die keineswegs überwürzt werden dürfen. Das Fischfumet muß man sauber reduzieren.

Zutaten für 4 Portionen:

1 Kopf Frisé-Salat

1 Grapefruit

250 g feinste Prinzeßbohnen

Für die Vinaigrette:

2 Eßlöffel Weinessig

Salz

Weißer Pfeffer

½ Zwiebel

6 Eßlöffel Traubenkernöl

½ Teelöffel scharfer heller Senf

2 Schalotten

Ferner:

2 kg frische Jakobsmuscheln

½ kg Fischgräten und -köpfe

½ l Weißwein

1 Zwiebel

⅛ Lorbeerblatt

50 g frische Champignons

Salz

Weißer Pfeffer

24 Belon-Austern Nr. 2

Vorbereitungen:
Den Salatkopf entblättern und nur die weißen Innenteile verwenden. In kaltes Wasser legen. Die Grapefruit schälen und in Spalten zerteilen. Die Prinzeßbohnen an den Enden kürzen, in kochendem Wasser blanchieren und schnell in Eiswasser abschrecken, dann mit dem Schaumlöffel wieder herausnehmen und abtropfen lassen.
Für die Vinaigrette in einer Schale den Weinessig mit Salz und weißem Pfeffer verrühren, bis sich das Salz ge-

löst hat, dann die gepellte Zwiebelhälfte sehr fein zerschneiden und mit dem Traubenkernöl und dem Senf wieder solange rühren, bis sich eine sämige Vinaigrette gebildet hat.
Den Frisésalat ausbreiten und mit der Vinaigrette übergießen, dann auf vier tiefe Teller verteilen, darauf die Prinzeßbohnen ausbreiten, ebenfalls mit der Vinaigrette beträufeln. Die beiden Schalotten pellen und in feinste Würfel schneiden. Diese über die Bohnen streuen. Darauf die Grapefruitspalten legen.
Die Jakobsmuscheln öffnen und gründlich mit viel kaltem Wasser abspülen. Die Muschelkörper in dicke Scheiben schneiden.
Die Fischgräten und -köpfe kalt abspülen, in einen halbhohen Topf legen, mit dem Weißwein, der gepellten und in Scheiben geteilten Zwiebel, dem Lorbeerblatt, den zerschnittenen Champignons, Salz und weißem Pfeffer 20 Minuten kochen, dann durch das Haarsieb gießen und diese Flüssigkeit auf die Hälfte der Menge reduzieren.

Zubereitung:
Die Medaillonscheiben der rohen Jakobsmuscheln in einem Kasserol mit dem reduzierten Fumet eine Minute lang pochieren, abtropfen und auf den bereits angerichteten Salat geben.
Die Austern zuletzt öffnen und auslösen, im gleichen Fumet 15 Sekunden pochieren und auf den Salat legen.

Beilage: Baguettes
Wein: Pouilly Fuissé

PATRICK JUVENETON

Jakobsmuscheln auf Trüffelragout mit Blattspinat

Coquilles Saint-Jacques aux truffes et aux épinards en branche

Ein Gericht aus dem Bocuse-Repertoire, in dem der Meister eine Liaison zwischen Muscheln aus dem Meer, Pilzen aus dem Eichenwald und Gemüse aus dem Garten herstellt.

Bei der Zubereitung wird das allseits bekannte Verfahren unter der Mornay-Haube weiterentwickelt.

Der Hinweis, daß die Demiglace aus Geflügel – und nicht wie meistens aus Kalb – gewonnen werden soll, erscheint mir wichtig.

Zutaten für 4 Portionen:

20 Jakobsmuscheln

500 g Spinat

Salz

150 g frische Trüffeln

¼ l Demiglace (aus Geflügel)

100 g Butter

Geriebene Muskatnuß

Weißer Pfeffer

⅛ l Crème fraîche

Vorbereitungen:
Die Muscheln waagrecht öffnen. Hierzu mit der gewölbten Seite nach unten auf die heiße Herdplatte legen, wonach sie sich sofort etwas, das heißt gerade so weit öffnen, um den Austernöffner hineinzudrücken. Jetzt mit dem Austernöffner den Muskel, der die beiden Schalenhälften zusammenhält, soweit abschneiden, daß man den Deckel abnehmen kann, dann mit einem Officemesser den Muskel ganz abschneiden.

Den Fransenrand und die Häute von diesem weißen Muskel abziehen.

Jetzt den weißen Muskel und den orangeroten Teil, der Rogen, auch Corail genannt wird, kalt abspülen und abtropfen lassen. (Die leeren Schalen können nach einer gründlichen Reinigung für Ragouts verwendet werden.)

Den Spinat verlesen, die Stiele abschneiden, in gesalzenem Wasser kurz blanchieren, dann kalt abschrecken, abtropfen lassen und leicht ausdrücken.

Zubereitung:
Die Trüffeln dünn schälen und in feine Scheiben schneiden.

Die Demiglace in einem Kasserol erwärmen, die Trüffelscheiben hineinlegen.

Die Jakobsmuscheln ebenfalls in Scheiben schneiden und zufügen, 5 Minuten bei 65° C pochieren, dann beiseite stellen.

Den Spinat in einem anderen Kasserol mit Butter, Salz, Muskat, weißem Pfeffer erwärmen und auf den vorgewärmten Tellern anrichten.

Die Trüffel- und Muschelscheiben obenauf legen.

Die Demiglace mit der Crème fraîche reduzieren und über die Trüffel- und Muschelscheiben nappieren.

Beilage: Weißbrot
Wein: Weißer Burgunder, wie Montrachet

PAUL BOCUSE

Mousse von Jakobsmuscheln

Mousse de coquilles Saint-Jacques

Bei diesem Gericht sind nicht die Jakobsmuscheln, sondern die in winzige Würfel geschnittenen Gemüse die Hauptsache. Sie sind hochwertige Aromaträger und verleihen der Mousse Farbe, was besonders beim Anschnitt und Service ein reizvolles Bild ergibt. Solche Mousse-Gerichte kann man nicht lange aufheben; auch im Kühlschrank haben sie nach zwei Tagen ihren Höhepunkt überschritten. Und nie dürfen sie ins Tiefkühlfach, weil dann ihre zarte Konsistenz zerstört wird.

Zutaten für 10–12 Portionen:

100 g Möhren

150 g Knollensellerie

Salz

1,5 kg frische Jakobsmuscheln in der Schale oder 300 g Muscheln (Gewicht nach dem Aufbrechen der Schalen)

0,2 l Fischfond

0,1 l trockener weißer französischer Wermut

0,1 l Vin-blanc-Sauce

6 Blatt Gelatine

100 g Fischgelee

2 Zweige Dill

10 g Trüffeln

300 g steifgeschlagene Sahne

2 Tropfen Tabascosauce

Saft von 1 Zitrone

Salz

Weißer Pfeffer

Vorbereitungen:
Möhren und Sellerie putzen beziehungsweise schälen, waschen und in feine Brunoises schneiden. Diese in gesalzenem Wasser 3 Minuten blanchieren, in Eiswasser abschrecken und auf einem feinen Sieb ablaufen lassen.
Die Jakobsmuscheln aufbrechen, den Darm entfernen, dann das Fleisch und den Rogen gründlich abspülen.
Den Fischfond mit dem Wermut vermischt einmal aufkochen lassen und das Muschelfleisch mit dem Rogen darin bei reduzierter Hitze ziehen lassen. Den Rogen herausnehmen und für die Garnitur zurücklassen.
Den Sud jetzt auf 1 Drittel seiner Menge einkochen und durch ein Tuch passieren.

Das Muschelfleisch mit der Vin-blanc-Sauce und dem eingekochten Sud im Elektromixer fein pürieren. Die Gelatine auflösen und quellen lassen. Dieses Gelee in die pürierte Muschelfleischmasse einrühren und die Mousse durch ein Haarsieb streichen.
Das fertige Fischgelee erwärmen und damit eine Cassata-Langform ausgießen. Mit Scheiben von geschnittenem Rogen und Dillblättern garnieren. 1 Stunde kühlen.

Zubereitung:
Jetzt die Brunoise-Gemüse in die Masse einrühren. Dazu die Trüffeln in feine Würfel schneiden und mit der steifen Sahne in die Masse einziehen, mit dem Tabasco, dem Zitronensaft, Salz und weißem Pfeffer abschmekken und dann auf das starre Gelee füllen, die Oberfläche glattstreichen. Die so gefüllte Form 6–9 Stunden kühl stellen und danach zum Aufschneiden stürzen. Mit heißem Messer tranchieren.
Auf den Tellern anrichten.

Beilagen: Kleiner Salat von Blattspinat und gestürzte Kartoffeln
Wein: Fränkischer Silvaner

JÖRG UND DIETER MÜLLER

Scampi in Pernodrahmsauce

Scampi à la sauce crème au Pernod

Bild Seite 78

Die Scampi sind allgemein durch meist ungenügende Zubereitungen abgewertet worden. Es gilt, dies zu korrigieren. Denn bei richtiger Behandlung läßt sich allerhand aus ihnen machen. Oft werden sie schon unsachgemäß und zu früh aufgetaut und stehen zu lange in der Küche, so daß sie stark auslaugen und trocken werden. In diesem Rezept werden die Scampi wie Seezungenfilets zubereitet. Meiner Meinung nach haben wir eines der schönsten Scampigerichte vor uns.

Zutaten für 4 Portionen:

600 g Scampi ohne Schalen

Salz

Edelsüßes Paprikapulver

Weißer Pfeffer

150 g Butter

2 Schalotten

2 cl Pernod

1 Weinglas herber Weißwein

Für den Fischfond:

500 g Fischgräten

2 Zwiebeln

½ l Weißwein

½ Möhre

Salz

Weißer Pfeffer

¼ Lorbeerblatt

Ferner:

¼ l süße Sahne

1 Zweig Estragon

100 g Butter zum Montieren

Vorbereitungen:
Scampi ohne Schalen, verlesen abgespült und abgetrocknet, mit Salz, Paprikapulver und weißem Pfeffer, vorher vermischt, einpudern. In einem breiten Sautoir die Butter erwärmen und die Scampi darin bei mittlerer Hitze angehen lassen. Die Schalotten pellen, in kleine Würfel schneiden, zufügen, mit angehen lassen, aber ohne daß sie Farbe nehmen. Die Butter abgießen, mit dem Pernod beträufeln, entzünden und ausbrennen lassen.

Dann mit dem Weißwein löschen, 3 Minuten nachziehen lassen, dabei die Hitze abstellen oder den Topf an den Herdrand setzen.
Für den Fischfond die Gräten grob zerschlagen, in einem Sautoir mit den gepellten geviertelten Zwiebeln, dem Weißwein, der gestiftelten Möhre, dem Salz, weißem Pfeffer und dem Lorbeerblatt 30 Minuten sieden lassen, dann durch ein Spitzsieb in ein Kasserol abseihen. Leicht reduzieren, zu den Scampi geben.
Die Scampi mit der Schaumkelle herausnehmen und warm stellen.

Zubereitung:
Den Inhalt des Sautoirs auf mindestens die halbe Menge einkochen, die Sahne und die von den Stengeln abgestreiften Estragonblättchen zugeben, wieder reduzieren, so daß eine nappierfähige Sauce entsteht, die Butter zum Montieren verwenden. Die Scampi auf vorgewärmten Tellern anrichten und mit der Sauce nappieren.

Beilagen: Reis, gedünsteter Fenchel
Wein: Herber Weißwein von der Provence

ANTON MOSIMANN

Jagdtasche der Krebsfischer

Chausson de queues d'écrevisses

Die klassische Chausson-Form wird hier verändert. Zwei appetitlich duftende Gebäckstücke gehören zu einer Portion.

Wichtig ist, daß die Krebse groß sind und frisch gekocht wurden. Trifft dies nicht zu, so entscheidet man sich besser für ein anderes Gericht.

Wenn die Jagdtasche der Krebsfischer gelingen und Erfolg haben soll, muß sie sorgsam zubereitet werden. Dazu gehört natürlich, daß der Teig frisch gezogen wurde, so daß er nach dem Backen intensiv nach Butter duftet. Die Beilagen werden dann unwichtig.

Zutaten für 4 Portionen:

500 g Blätterteig

Für die Hechtfarce:

150 g Hechtfleisch ohne Gräten

Salz

Weißer Pfeffer

6 Eßlöffel frische Sahne

2 Eßlöffel Krebsbutter

Ferner:

24 Krebse

1 Dillzweig

Salz

½ l Weißwein

1 Ei zum Bestreichen

Vorbereitungen:

Den Teig auf einem bemehlten Brett dünn ausrollen und in Quadrate von 12 cm Seitenlänge schneiden. Man braucht 8 solcher Quadrate.

Für die Hechtfarce das Hechtfleisch mit 2 Würfeln Roheis, Salz, weißem Pfeffer und der gekühlten Sahne im Elektromixer pürieren, dann die Krebsbutter halbflüssig unterziehen, so daß sich die Farce leicht rötlich färbt.

Die Krebse im Sud mit dem Dill, Salz und dem Weißwein kurz aufkochen, dann 10 Minuten am Herdrand ziehen lassen. Noch warm ausbrechen und die Schwänze auspellen.

Zubereitung:

Die Hechtfarce auf die Teigquadrate streichen, bis sie aufgebraucht ist. Jeweils 3 oder 6 Krebsschwänze auf die Farce legen und eindrücken. Dann die bestrichenen Teigquadrate zu Dreiecken zusammenklappen, die Ecken und Seiten fest andrücken und die Dreiecke danach zu Hörnchen krümmen.

Das Ei verquirlen und die Teigoberfläche der Hörnchen damit bestreichen.

Die Jagdtaschen im Backofen bei 180–200° C etwa 20 Minuten gut durchbacken; sie müssen heiß serviert werden. (Deshalb erst auf Abruf hin backen.) Auf den vorgewärmten Tellern liegen jeweils zwei Stücke.

Beilage: Sauce Nantua, mit Crème fraîche versetzt
Wein: Gutedel-Spätlese aus dem Markgräflerland

RUDOLF KATZENBERGER

Oben: Scampi in Pernodrahmsauce. – Scampi à la
sauce crème au Pernod. Rezept Seite 76

Unten: Austernsalat mit Jakobsmuscheln und Courgettes. – Salade aux huîtres et coquilles Saint-Jacques aux
courgettes. Rezept Seite 71

Rechts: Hechtklöße nach der Mutter Olga. – Quenelles
de brochet à la mère Olga. Rezept Seite 33

Anton Mosimann

Krustentiersalat mit Muscheln

Salade de fruits de mer

Bild Seite 99

Es ist selbstverständlich, daß dieser Salat nur mit den allerfrischesten Rohstoffen zubereitet werden darf. Jacques Manière hat in seinem Restaurant in Paris große Viviers, so daß er nur zuzugreifen braucht. Die Beigaben können verändert werden, einschließlich der vielleicht etwas scharf geratenen Salatsauce.

Zutaten für 4 Portionen:
Für die Sauce:

3 Eigelbe
1 Eßlöffel Olivenöl
Saft von 1 Zitrone
Salz
Cayennepfeffer
4 Eßlöffel Crème fraîche
2 Eßlöffel Tomaten-Ketchup
2 Spritzer Tabascosauce
2 Spritzer Worcestershiresauce

Für das Fumet:

¼ l Fischfond
2 Schalotten

Für den Salat:

100 g Feldsalat
2 Bund Kerbel
250 g Taschenkrebs
Salz
12 Krebse
250 g ausgebrochene Muscheln
150 g Corail von Hummer oder Langusten
20 g schwarze Trüffeln

Vorbereitungen:
Aus den Eigelben, dem Olivenöl, dem Zitronensaft, Salz und Cayennepfeffer die Mayonnaise zusammenrühren. Dann 4 Eßlöffel dieser Mayonnaise mit der Crème fraîche, dem Ketchup, der Tabasco- und der Worcestershiresauce verfeinern.
Den Fischfond zum Kochen bringen. Die Schalotten pellen und in feine Würfel schneiden und diese im Fumet musig zerkochen lassen. Das reduzierte Fumet dann in die Mayonnaise einrühren.

Den Salat und die Kerbelblätter verlesen und kalt waschen, abtropfen lassen.
Den Taschenkrebs in gesalzenem Wasser kochen, nach dem Kochen ausbrechen. Die Krebse blanchieren, die Muscheln pochieren, das Corail blanchieren. Die Trüffeln dünn schälen und in feine Scheiben schneiden.

Zubereitung:
Die Meeresfrüchte mundgerecht geschnitten in einer Schale mit der Sauce vermischen, ohne zu rühren. Den Salat auf vier Tellern verteilen, darauf die Meeresfrüchte setzen. Mit den Trüffelscheiben garnieren. Kühl servieren.

Beilage: Melbatoast
Wein: Mâcon

JACQUES MANIÈRE

Krebsschwänze mit Kohlrabiflan und grünem Spargel

Queues d'écrevisses au flan de choux-rave et aux asperges vertes

Bild Seite 110

Der »Flan« ist grundsätzlich eine Sache der Pâtissiers. Die modernen Köche haben diese an sich süße Crème-zubereitung übernommen, und man muß zugeben, daß die Gemüseflans wirklich sehr gut in die reformierte Küche passen. In reicher Vielfalt lassen sich Flans aus allen edleren Gemüsen herstellen, stets abgestimmt auf die Begleitung von Fleisch oder Fisch. Hier also stellt Armin Scherrer einen Kohlrabiflan mit Krebsen zusammen.

Zutaten für 4 Portionen:

Für den Flan:

4 Kohlrabi

Salz

¼ l Crème double

4 ganze Eier

Weißer Pfeffer

80 g Butter

Für die Krebse:

24 Krebse

Salz

½ Lorbeerblatt

1 Bündel Dill

120 g Butter

⅛ l frische Sahne

4 cl Fischfond

Für die Garnitur:

500 g grüner Spargel

1 Bund Kerbel

Vorbereitungen:

Die Kohlrabi schälen, besonders an den unteren Enden, deren etwa holzige Teile stark abgeschnitten werden müssen. Dann in feine Scheiben hobeln oder schneiden. Wasser mit Salz in einem Topf zum Kochen bringen, die Kohlrabischeiben darin 5 Minuten blanchieren, das Wasser abgießen, die Crème double zugeben, das mit einem Deckel verschlossene Geschirr bei 160° C in den Backofen schieben. Die Kohlrabi in 40 Minuten musig dünsten.

Diese Masse abkühlen lassen und lauwarm im Mixer völlig pürieren. Die Eier und den weißen Pfeffer zugeben, den Mixer noch einmal anstellen, die Masse durchmischen, dann auskühlen lassen.

Portionsförmchen oder eine Rehrückenform mit der Butter ausstreichen und die Flanmasse einfüllen. Die Oberfläche glattstreichen und den Flan 40 Minuten lang ins Wasserbad stellen, bis er gestockt ist.

Die Krebse in einem mit Salz, Lorbeerblatt und Dill gewürzten Sud töten und garziehen lassen, dann ausbrechen.

Zubereitung:

Die Butter und die frische Sahne zusammen in einem Kasserol aufkochen lassen, dann den Fischfond zufügen und bis zur Sämigkeit aufschwenken und schlagen. Das Schwanz- und Scherenfleisch der Krebse unterziehen.

Zum Anrichten den Flan aus den Portionsformen auf die Mitte der vorgewärmten Platte stürzen. Oder die Rehrückenform stürzen, den Flan in dicke Tranchen schneiden und diese auf die vorgewärmten Teller legen. Darüber jeweils das Krebssalpikon gießen und mit dem grünen Spargel und den Blättern des Kerbels bedecken. Als Zwischengericht (warme Vorspeise) und daher ohne Beilage servieren.

Wein: Trockener Rheingauer Riesling

ARMIN SCHERRER

81

Krebse in der Terrine mit kleinen Gemüsen und Champagnersabayon

Terrine d'écrevisses et légumes
sabayon au Champagne

Dies ist ein besonders zierliches, ja rokokohaftes Gericht. Es entspricht damit so ganz der Handschrift des Alain Chapel: Zutaten der Landschaft in ästhetischer Verfremdung, wobei der Eigengeschmack jedoch jeweils streng bewahrt bleiben muß. Daher werden in der Chapelküche die meisten Rohstoffe für ein Gericht getrennt gegart (entgegen der allgemeinen Regel, sie miteinander zu kochen).

Zutaten für 6 Portionen:
Für das Krebsmus:

24 Krebse

50 g Butter

Für die Gemüse:

150 g Möhren

2 Zucchini

1 Porreestange (Lauchstange)

150 g grüne dünne Bohnen

150 zuckerzarte Erbsen

Salz

Weißer Pfeffer

100 g Spinat

Für den Tomatencoulis:

4 große Tomaten, überreif

2 mittelgroße Tomaten, halbreif

Saft von ½ Zitrone

1 Bund Kerbel

50 g Butter

1 Tasse Forellenfond

Für die Darioles:

3 Eiweiße

100 g Butter

Für das Champagnersabayon:

2 Tassen Sauce hollandaise

1 Tasse Champagner

2 Tassen steife Schlagsahne

Vorbereitungen:
Die Krebse waschen, kopfüber in sprudelnd kochendes Wasser werfen, nach 5 Minuten an den Herdrand schieben, noch 15 Minuten nachziehen lassen, dann mit der Schaumkelle herausnehmen. Das Wasser weggießen. Das Krebsfleisch aus den Schalen holen, auf dem Brett grob zerschneiden und im Elektromixer pürieren. Die Schalen der Krebse ohne die Nasen auf dem Ofenblech trocknen lassen und in einem Mörser fein zerstoßen. Dann dieses Krebspulver in der Butter, die in ein Kasserol gegeben wurde, erhitzen und nach 10 Minuten durch ein Haarsieb gießen. Das Schalenmus wegwerfen, die Krebsbutter zum Krebsfleisch geben und dieses durch ein Haarsieb streichen. In einer Schale und zugedeckt im Kühlschrank aufbewahren.

Die Möhren, Zucchini, das Weiße der Porreestange und die Bohnen putzen, waschen und in kleine gleichmäßige Stücke schneiden, und zwar – je nach Gemüseart – Würfelchen oder Streifen. Dann die Erbsen aus den Schoten pellen.

Jedes der Gemüse für sich lassen und getrennt in kleinen Kasserols mit Wasser und Salz wenige Minuten ankochen, so daß die Gemüse wohl weich, aber nicht musig sind. Jedes der Gemüse getrennt im Elektromixer pürieren und mit Salz und weißem Pfeffer abschmecken.

Die Spinatblätter verlesen und blanchieren.

Die Tomaten blanchieren, häuten, aufschneiden und Kerne mit Saft ausdrücken, dann auf dem Brett grob zerhacken. In einem Kasserol mit dem Zitronensaft, den gezupften Kerbelblättern in der Butter angehen lassen, den Forellenfond dazugeben und 5–7 Minuten reduzieren, so daß ein Coulis entsteht. Dann abkühlen lassen.

Zubereitung:
Alain Chapel bindet die Gemüse nicht, sondern vertraut darauf, daß das Eiweiß der rohen Krebse für die Standfestigkeit der Darioles sorgen wird. Da wir aber die Krebse nicht lebend verarbeiten wollen, sondern sie vor dem Zerkleinern töten, geht diese Eigenschaft des Krebseiweißes verloren. Dafür müssen wir jetzt für Eiweiß sorgen, damit die mehrschichtigen Darioles im Wasserbad ihre Form behalten.

Jedes der Pürees also mit je ½ Eiweiß vermischen und getrennt nach Sorten durch den Elektromixer laufen lassen. Auch das mit der Krebsbutter vermischte Krebsmus in den Mixer geben.

Die Förmchen mit der Butter ausstreichen und die Wände innen mit den großen Spinatblättern auskleiden. Diese Wandausstaffierung im Kühlschrank fest werden lassen.

Zuunterst in die Förmchen das Möhrenmus füllen, dann die anderen Pürees einschichten, so wie man es farblich für richtig hält, zum Schluß das Krebspüree, jeweils, wie schon gesagt, mit dem Eiweiß vermischt. Die Darioles mit einem Blech oder Deckel verschließen und ihren Inhalt im Backofen bei 70° C 15–17 Minuten im Wasserbad pochieren.

Für den Champagnersabayon die fertig aufgeschlagene Sauce hollandaise mit dem Champagner aufziehen, dann kommen der Tomatencoulis und zuletzt die steife Schlagsahne dazu.

Zum Anrichten die Darioles auf vorgewärmte Teller stürzen, mit dem Champagnersabayon nappieren und an der Seite einen Spiegel bilden.

Beilage: Weißbrot
Wein: Mâcon Viré

ALAIN CHAPEL

Risotto von Krebsen mit grünen Spargelspitzen und Froschschenkeln

Risotto d'écrevisses
aux pointes d'asperges
et de cuisses de grenouilles

Das ist ein leichtes Gericht, fast eine Diät. Die Froschschenkel könnten durch Jakobsmuscheln ersetzt werden, vielleicht auch durch Austern. Je mehr man sich in dieses Rezept vertieft, um so mehr Appetit bekommt man auf diese Witzigmann-Kreation. Es ist hier an nichts gespart. Das Rezept ist wie eine Erinnerung an römische Adelsküchen.

Zutaten für 4 Portionen:
Für den Krebssud:

1 kg Krebsschalen

200 g Butter

1 kleine Zwiebel oder 3 Schalotten

40 g Staudensellerie

40 g Möhren

150 g Tomatenmark

4 cl Cognac

2 dl Weißwein

2 cl Fond von Seezungen oder Geflügel

Ferner:
24 grüne Spargelspitzen

Für die Froschschenkel:
24 Froschschenkel

Salz

Etwas Milch zum Einlegen der Froschschenkel

30 g Butter

1 Eßlöffel Olivenöl

Etwas Mehl (um die Froschschenkel darin zu wenden)

Für den Risotto:
1 kleine Zwiebel

1 Glas Weißwein

300 g Vialoni-Reis

30 g Butter

Weißer Pfeffer

50 g geriebener Parmesankäse

Für die Krebse:
Salz

24 Krebse

Außerdem:

Saft von ½ Zitrone

1 Glas Champagner

1 Eßlöffel gezupfte Estragonblätter

Salz

Pfeffer

Vorbereitungen:

Für den Krebssud in einem Mörser oder dickwandigen Topf die trockenen Krebsschalen feinstoßen. In einem Kasserol die Butter zerlassen und das Krebsmehl in der aufschäumenden Butter rösten. Dann die Zwiebel oder die 3 Schalotten pellen und fein zerschneiden, den Staudensellerie und die Möhren putzen, auch fein zerschneiden und mit der Zwiebel zum gerösteten Krebsmehl geben, nach 2–3 Minuten das Tomatenmark zufügen, verrühren und zusammen bei schwacher Hitze 10–20 Minuten lang ziehen lassen. Danach den Cognac und den Weißwein zugießen, dann wieder auf ein Drittel der Menge reduzieren, mit dem Seezungen- oder Geflügelfond aufgießen und wieder 10 Minuten lang kochen – jedoch nicht sprudelnd. Dann diesen Sud durch ein Haarsieb streichen.

Die Spargelspitzen schälen, auf 4 cm Länge schneiden. Für die Bereitung der Froschschenkel zunächst die Knochen aus den rohen Froschschenkeln ziehen, salzen, nach 5 Minuten die Froschschenkel in etwas Milch einlegen und einige Stunden stehen lassen.

In einem Sautoir die Butter mit dem Olivenöl erwärmen und hellbraun werden lassen. Die Froschschenkel aus der Milch nehmen, in Mehl wenden und in dem Fett knusprig braun braten.

Für die Herstellung des Risottos auf den Krebssud zurückgreifen. Wenn er sich abgesetzt hat, kann man die obenaufschwimmende Butter abnehmen. Die Hälfte der Butter vorsichtig abheben und in ein Kasserol umfüllen. Die Zwiebel pellen, in feinste Würfel schneiden und in der Krebsbutter glasig werden lassen, ohne daß sie Farbe nimmt (natürlich außer der roten Farbe von den Krebsen!), dann mit dem Weißwein löschen. Diese Flüssigkeit wieder verdunsten lassen. Den Reis zugeben, so daß dieser gerade mit der Flüssigkeit bedeckt ist, 15–20 Minuten bei schwacher Hitze quellen lassen. Nach 10 Minuten dieser Quellzeit mit einem Löffel vorsichtig umhäufeln und nach Bedarf noch weitere Krebsbrühe zugießen.

Zum Abschmecken die Butter mit weißen Pfeffer und dem geriebenen Parmesan vermischt in den Reis geben, für 3 Minuten das Kasserol mit einem Deckel verschließen und den Risotto ziehen lassen.

Zubereitung:

Wasser mit Salz zum Kochen bringen und die lebenden Krebse darin kopfüber eintauchen, töten und abkochen. Nach 3 Minuten Kochzeit das Wasser abschütten, die Krebse ausbrechen, den Darm herausziehen und die Schwänze in den Risotto einmischen.

In einem anderen Topf ebenfalls Wasser mit Salz zum Kochen bringen und die Spargelstücke darin 3 Minuten kochen, sofort mit kaltem Wasser abschrecken und auf den Risotto legen.

Die Froschschenkel mit dem Zitronensaft, dem Champagner, den Estragonblättern, die gehackt wurden, dem Salz und Pfeffer würzen.

Den fertig gedämpften Risotto auf vorgewärmten Tellern oder auf einer flachen Schale anrichten (die Spargelspitzen können dabei etwas eingedeckt werden), die Froschschenkel kranzförmig herumlegen.

Beilage: Kleiner grüner Salat

Weine: Hellfarbener leichter Rotwein oder Traminer oder trockener Ruländer

ECKART WITZIGMANN

Krebse mit Kalbsbries in Weinsauce mit Blätterteig

*Écrevisses et ris de veau
en sauce vin blanc à la bouchée*

Eigentlich hätte man das Gericht auch »Kalbsbries mit Krebsen« nennen können, denn die beiden Hauptbestandteile sind fast gleichwertig. Die Krebse dominieren aber letzten Endes doch durch ihren Eigengeschmack, der nicht verloren gehen darf. Vielmehr soll die Wein-Würzkombination diesen Eigengeschmack noch intensivieren. Auch die Krebsbutter soll dazu beitragen. Und der Spinat und die Trüffeln gehören mit zu dieser konzentrierten Geschmacksaktion.

Zutaten für 4 Portionen:

1 kg Krebse

Salz

800 g Kalbsbries

0,3 l Weißwein

1 Nelke

½ Lorbeerblatt

1 Zwiebel

2 Schalotten

30 g Krebsbutter

2 cl trockener Sherry

2 cl Cognac

0,2 l Geflügelfond

0,2 l Crème fraîche

500 g Spinat

Pfeffer

1 Eßlöffel Mehl

100 g Butter

4 flache Blätterteigpastetchen

0,1 l Champagner

2 Eßlöffel geschlagene Sahne

10 g Trüffeln

Vorbereitungen:
Die Krebse in einem Topf mit reichlich gesalzenem Wasser brodelnd totkochen und 10 Minuten am Herdrand nachziehen lassen. Dann abschrecken, ausbrechen, den Darm entfernen und die Scheren und Schwänze mit etwas Sud bedeckt beiseite stellen.
Das Kalbsbries 12 Stunden in kaltem Wasser ausbluten lassen, die äußeren Häute abziehen.
Aus ½ l Wasser, 0,2 l der Weißweinmenge, Salz, der gepellten, mit Nelke und Lorbeerblatt gespickten Zwiebel einen Sud kochen, in dem das Bries 10 Minuten pochiert wird. Dann das Bries in kaltes Wasser legen.
Die Krebskarkassen trocknen, zerbrechen und im Mörser zerkleinern. Die Schalotten pellen und zerschneiden, mit der Krebsbutter in einem Kasserol anziehen lassen, mit dem Sherry, dem Cognac und dem 0,1 l verbliebenen Weißwein löschen, den Geflügelfond zugeben und 10 Minuten bei schwacher Hitze kochen. Dann diese Mischung durch ein Tuch passieren und mit der Crème fraîche verrührt auf sämige Konsistenz einkochen.
Den Spinat verlesen und entstielen, blanchieren und sofort kalt abschrecken.

Zubereitung:
Das Bries aus dem kalten Wasser holen, abtropfen lassen und mit einem Tuch abtrocknen. Dann in Scheiben von 1½ cm Dicke schneiden, mit Salz und Pfeffer würzen, in Mehl wenden und in einer Pfanne in der Hälfte der Butter hellbraun braten. Nun in die Sauce legen, dazu die ausgebrochenen Krebse geben und 2 Minuten bei schwacher Hitze nachziehen lassen.
In einem Kasserol die andere Butterhälfte zerlassen, die abgetropften Spinatblätter darin erwärmen, würzen und die Böden der Blätterteigpastetchen damit auskleiden.
Zum Anrichten die frisch gebackenen und ofenheißen mit Spinat belegten Pastetchen auf einen kleinen Saucenspiegel setzen, damit sie beim Service nicht rutschen, dann mit dem Krebs-Bries-Salpikon randvoll füllen und Sauce an der Seite ablaufen lassen. Die Pastetchen ohne Deckel servieren. Den Rest der Sauce mit Champagner und geschlagener Sahne vollenden, die Trüffeln in Streifen schneiden, dann die Sauce und die Trüffeln über die Pasteten geben.

Beilage: Kleiner Salat
Wein: Rosé-Champagner

FRANZ KELLER JR.

Krebsschwänze auf gratiniertem Porree mit Bordeauxmousseline

*Écrevisses sur gratin de poireau
sauce mousseline bordelaise*

Die Krebse werden nur mit gehackten Kräutern gewürzt, deren ätherische Öle in das frisch gekochte Krebsfleisch eindringen sollen. Nur die zartesten weißen Mittelstücke vom Porree und eine ebenso zarte Schaumsauce begleiten die aromatisierten Krebse, bis zur Veredelung unter der Grillhitze. Dieses Gericht kann beides sein: entweder eine Vorspeise oder eine Beilage zu komplizierteren Fischsachen.

Zutaten für 6 Portionen:

12 Porreestangen (Lauchstangen) oder Zwiebellauch

Salz

Weißer Pfeffer

50 g Butter

Ferner:

90 Krebse

4 Schalotten

½ Tasse breite feingehackte Petersilie

2 Eßlöffel feingeschnittener Schnittlauch

Für die Sauce:

2 Tassen bester Bordeaux-Rotwein

1 Eßlöffel Tomatenmark

2 Eßlöffel Armagnac

¼ l Crème fraîche

2 Schalotten

2 Stengel Basilikum

1 Stengel Estragon

2 Eier

⅛ l steifgeschlagene Sahne

Vorbereitungen:
Die Porreestange an beiden Enden kürzen, so daß wirklich nur das Weiße übrig bleibt. Die äußeren Blätter entfernen, das Porreeweiße der Länge nach halbieren und sehr gründlich waschen, damit der eingewachsene Sand herausgewaschen wird. Dann in gesalzenem Wasser 5 Minuten kochen und sofort in Eiswasser abschrecken, damit der Porree knackig bleibt. Dann mit Salz, weißem Pfeffer und etwas Butter würzen. In einem großen Topf Wasser zum Kochen bringen, die Krebse hineinwerfen und töten, dann 5 Minuten ziehen lassen. Die Schwänze ausbrechen, abspülen und in eine Marinade legen.

Für diese Marinade die Schalotten pellen und sehr fein würfeln. Die Petersilie und den Schnittlauch mit den Schalottenwürfeln mischen, in eine Schale geben. Mit dieser Trockenmarinade die ausgebrochenen Krebsschwänze einreiben und 6 Stunden darin liegen lassen.
Für die Sauce in einem Topf den Bordeaux zum Kochen bringen, mit dem Tomatenmark und dem Armagnac vermischen, auf 1 Zehntel der Menge einkochen, dann mit dem Krebsfond etwas auffüllen und erneut einkochen lassen.

Zubereitung:
Diesen Fond mit der Crème fraîche verrühren, die Schalotten in Würfeln, das Basilikum und den Estragon fein gehackt dazugeben, dann mit dem Schneebesen schaumig aufschlagen. Auch die Eier schaumig schlagen und diese sowie die steife Sahne unter die Sauce heben. Die Eier ziehen durch die restliche Hitze des Fonds an.
Zum Anrichten die Porreestücke jeweils in einem tiefen Teller anrichten und mit der Mousseline nappieren. Dann unter dem Salamander sehr kurz flämmen.
Die lauwarmen gewürzten Krebsschwänze zugeben und wieder kurz unter den Salamander stellen.
Die Krebsschwänze sollen nur kurz warm werden, keinesfalls austrocknen. Darauf muß man besonders achten.

Beilagen: Gefüllte Krebsnasen mit Krebsfarce oder Champignonsalat, Trüffelreis
Wein: Rheingauer Riesling

ALBERT BOULEY

Krebsschwänze in eigenem Gemüsesud mit weißer Butter

*Petite nage de queue d'écrevisses
au beurre blanc*

Die großen Chefs zeichnen sich in ihren Gerichten oft durch besondere Einfachheit aus, durch – wenn man so sagen will – kulinarische Gotik. Die Kunst liegt im Zusammenspiel der einzelnen wohlabgestimmten Zutaten. Frankreichs Chefs haben zudem den Vorteil, das ganze Jahr über auf beste Rohstoffe zurückgreifen zu können. Dieses Gericht gibt es auch bei anderen Chefköchen und auch in Deutschland. Überhaupt gehört es zur klassischen Küche. Aber das »Wie« macht hier den Meister aus.

Zutaten für 6 Portionen:

70 g Möhren
½ Porreestange (Lauchstange)
3 Schalotten
1 Zwiebel
½ l herber Provence-Weißwein
Kräutersträußchen mit Salbei, Petersilie, Kerbel, Dill, Estragon
3 Eßlöffel Salz
48 Krebse

Für die Beurre blanc:

6 Eßlöffel herben Provence-Weißwein
3 Eßlöffel Weinessig
500 g Butter
2 Stengel Estragon
4 Stengel Petersilie
2 Stengel Kerbel

Vorbereitungen:
Die Möhren putzen und in hauchdünne Blätter schneiden. Den Porree putzen, nur das Weiße verwenden und dieses in Scheiben schneiden, die dann auseinanderfallen sollen. Den Porree besonders gründlich kalt abspülen, weil sich darin meistens Sand befindet. Die Schalotten und die Zwiebel pellen, in feine Scheiben schneiden.
Diese Gemüse in 4 Eßlöffeln Wasser in einem mit einem Deckel verschlossenen Kasserol 10 Minuten dünsten. Den Weißwein und das Kräutersträußchen beigeben, 10 Minuten am Herdrand ziehen lassen. Einen größeren hochwandigen Topf dreiviertel mit Wasser füllen und die 3 Eßlöffel Salz darin auflösen. Die Krebse in das sprudelnd kochende Wasser werfen und dann am Herdrand noch 4 Minuten ziehen lassen. Dann die Krebse mit der Schaumkelle herausnehmen, abtropfen und abkühlen lassen. Die Schwänze ausbrechen und pro Person eine Krebsnase aufbewahren.
Den Gemüsesud von den Gemüsen abseihen, auf die halbe Menge einkochen.
Die Gemüse so lange in kaltem Wasser abschrecken, daß sie knackig bleiben und nicht etwas nachziehen.
Für die Beurre blanc in einem Kasscrol aus Stahl den Weißwein mit dem Weinessig vermischen und bis zur Menge von zusammen 2 Eßlöffeln verdampfen lassen. Den Topf vom Herd nehmen, die Butter kalt in Flocken mit dem Schneebesen hineinschlagen, bis sie verbraucht und eine schaumige weiße Sauce entstanden ist.

Zubereitung:
Den reduzierten Sud vom Gemüse wieder aufkochen, vom Herd nehmen, die Krebsschwänze im Sud nachwärmen, die Gemüse wieder dazugeben, jetzt die weiße Buttersauce unterziehen und den Estragon, die Petersilie und den Kerbel, von denen nur die Blätter fein gewiegt werden, mit einmischen.
Zum Anrichten die Krebsschwänze im Gemüsesud mit weißer Butter in kleine Portions-Cassolettes füllen und sofort servieren. Buttersauce und Krebse sollen nach dem Vermischen in keinem Fall mehr zu heiß werden, so daß also das Gericht schnell serviert werden muß. Obenauf jeweils eine Krebsnase legen.

Beilagen: Toast oder Stangenweißbrot
Wein: Provence-Weißwein

ROGER VERGÉ

Mousse von Krebsen und Kalbsbries

Mousse d'écrevisses et de ris de veau

Bei der Zubereitung dieser gelungenen Komposition wird sich der Meister zeigen. Auf den ersten Blick mag das Madeiragelee angesichts der anderen Zutaten fremd erscheinen, aber es paßt. Die fertige Gelatine kann natürlich durch Kalbsknochen-Naturaspik ersetzt werden. Die Mousse darf keinesfalls schwer und fest sein. Hier kommt es in der Endphase der Zubereitung auf Fingerspitzengefühl an.

Zutaten für 10 Portionen:

500 g Kalbsbries
¼ l Geflügelfond
Salz
⅛ l trockener Weißwein
250 g Crème double
2 Schalotten
1 Zweig Estragon
Saft von ½ Zitrone
2 Eßlöffel Cognac
2 Eßlöffel Sherry
Weißer Pfeffer

Für die Krebscrème:

500 g Krebse
Salz
Essig
50 g Butter
2 Schalotten
2 Tomaten
1 Eßlöffel Cognac
⅛ l Weißwein
2 Eßlöffel Sherry

Für das Madeiragelee:

6 Blatt weiße Gelatine
¼ l Consommé oder Kraftbrühe
⅛ l Madeirawein
1 Teelöffel Zitronensaft
Salz

Für die Garnitur:

1 Zweig Dill

Ferner:

10 Blatt weiße Gelatine
2 Eßlöffel grob geschnittene Dillblätter
¼ l frische Sahne
Saft von ½ Zitrone
Salz
Pfeffer

Vorbereitungen:

Das Bries in einer Schale mit kaltem Wasser 2 Stunden wässern, öfter umdrehen und das Wasser austauschen. Den fertigen weißen Geflügelfond in einem Kasserol mit Salz und dem Weißwein erhitzen, das Bries einlegen, 10 Minuten lang bei 80° C pochieren, dann herausnehmen und in eine Schale mit kaltem Wasser legen, in dem 3 Teelöffel Salz gelöst wurden. Den Fond jetzt mit der Crème double versetzen, die beiden Schalotten pellen, fein zerschneiden, zufügen, ebenfalls den Estragonzweig hineingeben, auf die halbe Menge reduzieren. Den Estragonzweig herausnehmen.

Vom Bries 6 gleichmäßige schöne Scheiben schneiden, um damit später die Form auszulegen. Den Fond abkühlen und mit dem restlichen Bries im Mixer fein pürieren. Dann die Masse durch ein Haarsieb streichen, in einer Schale mit dem Zitronensaft, dem Cognac, dem Sherry, Salz und Pfeffer abschmecken. Die Oberfläche mit Pergamentpapier abdecken und 1 Stunde im Kühlschrank ruhen lassen.

Für die Krebscrème die Krebse in gesalzenem Wasser mit Essig 2 Minuten kochen, dann in kaltes Wasser umheben. Nach 5 Minuten das Wasser abgießen, die Krebsköpfe, -scheren und -schwänze abtrennen. Die Schwänze und Scheren aufbrechen und das Fleisch in eine Schale mit leicht gesalzenem und gesäuertem Wasser legen.

Die Schalen der Krebse zerschlagen und in einem Sautoir mit der Butter, den Schalotten in Scheiben und den Tomaten 10 Minuten rösten, bis die Masse verfärbt ist. Mit dem Cognac, dem Weißwein und dem Sherry löschen, mit ¼ l Wasser aufgießen und 15 Minuten leicht kochen. Den Inhalt in ein Spitzsieb schütten und den ablaufenden Fond in einem Kasserol weiter einkochen, bis etwa auf die Menge von 6 Eßlöffeln, wobei sich der Fond zu einer Crème verfestigt haben sollte.

Für das Gelee die Gelatine in kaltem Wasser einweichen, in einem Kasserol die Consommé oder Kraftbrühe mit dem Madeirawein und dem Zitronensaft, Salz nach Geschmack, erwärmen und das Auflösen der Gelatine abwarten. Sofort vom Herd nehmen und in eine Schale gießen. Im Kühlschrank den Zeitpunkt abwarten, da das Gelee zu gelieren beginnt. Dann schnell die Pastetenform damit ausgießen, wobei die Form ständig geschwenkt werden muß, damit das Gelee auch an die Wände kommt. Im Kühlschrank endgültig fest werden lassen.

Zubereitung:
Den Boden der Form mit gezupften Dillspitzen, mit den Scheiben Bries und den halbierten Krebsschwänzen schön bunt und dekorativ auslegen. Wieder etwas Gelee darüberstreichen und alles im Kühlschrank noch einmal fest werden lassen.
Die Sahne steifschlagen. Die Gelatine in kaltem Wasser einweichen und in einem Kasserol bei geringer Hitze mit etwas Wasser erwärmen, bis sie sich gelöst hat. Vom Herd nehmen.
Der Krebsreduktion Dill und grob geschnittene Scheren zufügen, 2 Eßlöffel des warmen Gelees einrühren, dann 5 Eßlöffel steife Sahne unterheben, mit Zitronensaft, Salz und Pfeffer den Geschmack korrigieren.
Das restliche Gelee in die Briesmasse rühren, damit die Form zur Hälfte füllen, die Oberfläche glattstreichen, dann eine Schicht Krebsmasse, dann die restliche Briesmasse darauf verteilen, die Oberfläche wieder glätten und die Masse im Kühlschrank 3–4 Stunden auskühlen und anziehen lassen.
Zum Anrichten die Mousse stürzen und in dicke Tranchen schneiden. Auf die Teller geben und sofort servieren, damit die Schnittflächen frisch bleiben.

Beilagen: Kleiner Salat, Brot
Wein: Sancerre

JÖRG UND DIETER MÜLLER

Langusten-Seezungen-Frikassee mit Gänseleber und Trüffeln

Langoustes à la crème, au foie gras et aux truffes

Die ist ein geradezu aufregendes Rezept, das sich für den Fachmann wie eine – Musiker bitte ich um Verständnis! – Strawinsky-Partitur liest. Sehr schön ist die detaillierte Anleitung der sorgsam gewählten Zutaten; hier zeigt sich der Meister.

Zutaten für 4 Portionen:
1 Möhre (1 Eßlöffel Brunoises)
1 Englische Staudenselleriestange (1 Eßlöffel Brunoises)
1 Schalotte
1 kleine Knoblauchzehe
1 Fleischtomate
1 Bund Estragon
1 Languste von 600 g
1 Seezunge von 400 g
6 Scheiben Toastbrot
120 g frische geputzte Gänseleber
30 g frische Trüffeln
Salz
Weißer Pfeffer
3 Eßlöffel Olivenöl
1 Teelöffel Tomatenpüree
1 Messerspitze Cayennepfeffer
2 cl Cognac
2 cl weißer Portwein
2 cl Weißwein
2 Eßlöffel Glace de viande
1 dl Fischfond
2 dl frische Sahne
Saft von 1 Zitrone
1 Ei
80 g Butter
Olivenöl für das Nudelkochwasser
Hausgemachte Nudeln

Vorbereitungen:
Die Möhre, die Selleriestange, die Schalotte, die Knoblauchzehe nach dem Putzen beziehungsweise Pellen, in winzige Würfel (en brunoise) schneiden. Die Tomate blanchieren, schälen, halbieren, die Kerne mit dem Saft ausdrücken und die Schalen grob zerschneiden.
Die Estragonblätter zerzupfen. Die Stengel aufheben. Die Languste waschen, 1 Minute in kochendem Was-

ser töten, der Länge nach halbieren, den Magen entfernen, den Saft aufheben.

Die Seezunge abziehen und filetieren. Die Gräten zerschlagen.

Von den Toastbrotscheiben die Rinden abschneiden und das Weiche dann durch ein Haarsieb streichen.

Die Gänseleber in Würfel von 1 cm Kantenlänge schneiden.

Die Trüffeln gründlich waschen, unter fließendem Wasser mit der Bürste säubern und dann in Streifen schneiden.

Zubereitung:

Die Langustenhälften an den Schnittstellen mit Salz und weißem Pfeffer bestreuen. In einem Sautoir mit dickem Boden das Olivenöl erwärmen, die beiden Langustenhälften mit der Schnittfläche nach unten hineinlegen und 4 Minuten braten, dann sofort herausnehmen.

Dann im gleichen Sautoir die Brunoises, die Tomaten, dann das Tomatenpüree und den Cayennepfeffer zugeben und die Zutaten glasig werden, aber keine Farbe nehmen lassen. Das Olivenöl abschütten, die Langusten drauflegen, dazu die Hälfte des Cognacs, den Portwein, den Weißwein, die Glace de viande und den Fischfond gießen. 10 Minuten ziehen lassen, wobei das Sautoir mit einem Deckel verschlossen wird. Die Langusten herausnehmen und den übrigen Sautoirinhalt dickflüssig einkochen. Die Sahne zufügen und mit den gezupften Estragonblättern, Cayennepfeffer und Cognacspritzern vollenden und den Geschmack korrigieren.

Die Langustenbeine und die Schwanzhälften ausbrechen, das Fleisch würfeln und wieder in die Sauce geben.

Die Seezungenfilets in Streifen von ½ cm Breite und 5 cm Länge schneiden, mit Salz bestreuen und dem Zitronensaft beträufeln. Das Ei in eine Schale schlagen und mit 1 Eßlöffel kaltem Wasser verquirlen, dann die Seezungenstreifen darin durchziehen, abstreifen und in dem passierten Toastbrot wenden, festdrücken und den Überschuß abfallen lassen.

Die Seezungenstreifen in schwimmendem Fett (50 g der Butter) goldbraun backen und auf Krepp-Papier abtropfen lassen.

In einer Pfanne die Gänseleberwürfel in sehr wenig Öl schnell anbraten.

In kochendem Wasser mit einem Eßlöffel Olivenöl und Salz hausgemachte Nudeln in entsprechender Menge etwa 8 Minuten kochen, auf einem Sieb abgießen, ablaufen lassen und in einer Schale mit Butterflocken (aus den restlichen 30 g der Butter) schwenken.

Zum Anrichten die Nudeln als leichten Hügel auf den heißen Teller schichten, in die Mitte das Langustenfrikassee geben und darüber die Gänseleberwürfel anordnen, dazu die Trüffeln in Streifen geben und an den Rand die gebackenen Seezungenstreifen legen.

Wein: Trockener Kaiserstühler Weißburgunder

Anmerkung:

Man kann auch auf die Zugabe von Trüffeln und Gänseleber verzichten. Es bleibt trotzdem ein köstliches Gericht.

ECKART WITZIGMANN

Langustenmedaillons mit getrüffelter Sherryvinaigrette

Médaillons de langouste à la vinaigrette de Xérès

Ein Vorgericht, das man nach der Langustenportion genau bemessen kann. Natürlich ist es wichtig, eine wirklich frische Languste zu verarbeiten, die noch nicht überhältert und damit ausgehungert und zäh sein darf. Das Gericht wird bestimmt von der Harmonie der Vinaigrette, die merkwürdigerweise viel Öl, aber wenig Säure enthält.

Die Vinaigrette kann vorbereitet werden und paßt in ihrem zarten Aroma auch zu manch anderen Gerichten. Die Harmonie mit der frisch gekochten Languste ist allerdings unübertroffen. Alle Ersatzlösungen bei Krustentieren sollte man vergessen, solange man gute Langusten bekommt.

Zutaten für 4 Portionen:

1 Languste von 1,2 kg oder die entsprechende Menge kleinerer Langusten	
Salz	

Für die Vinaigrette:

1 Eßlöffel Jungfernöl
½ Eßlöffel Walnußöl
1 Eßlöffel Traubenkernöl
4 Eßlöffel Champagner
½ Eßlöffel Sherryessig
2 Eßlöffel Trüffelsaft
2 Eßlöffel gehackte schwarze Trüffeln

Ferner:

2 Schalotten
Salz
Weißer Pfeffer
1 Teelöffel milder Senf (Maille douze)
Das Corail

Zubereitung:

Die Langusten in einem großen Topf mit gesalzenem Wasser, das zum Kochen gebracht wurde, schnell töten, dann 20 Minuten ziehen lassen. Den Topf vom Herd nehmen, 10 Minuten warten, dann den Langustenschwanz herausdrehen und ausbrechen. Den Darm entfernen.

Für die Vinaigrette die 3 Ölsorten, Jungfern-, Walnuß- und Traubenkernöl in einem Rührgefäß mischen, den Champagner, den Sherryessig, den Trüffelsaft und die Trüffelstücke zufügen. Die Schalotten pellen und in feinste Würfel schneiden oder – besser noch – reiben und untermischen. Dann Salz, weißen Pfeffer und zum Schluß als eine Art Bindung den Senf hineinrühren. Zum Anrichten die Langustenschwänze in dicke Medaillons schneiden, diese portionsweise in Schalen oder tiefen Tellern anrichten und mit der eisgekühlten Vinaigrette beträufeln. Dann 5 Stunden ziehen lassen.

Beilage: Das Corail hacken, auf Grahambrot aufstreichen und toasten
Wein: Champagner

ALBERT BOULEY

Langustinenschwänze in Schnittlauchsauce

Langoustines sautées en sauce ciboulette

Bei der Vielzahl der im Fachhandel angebotenen Sorten an Krustentieren müssen die Köche die Bezeichnungen vereinfachen. Die Gäste hätten ja auch wenig von lateinischen Namen. Einige Bezeichnungen wurden dadurch zu Sammelbegriffen, wie zum Beispiel »Langustine«. Darunter versteht man alle scherenlosen Krustentiere mittlerer Größe. In diesem Gericht wird die Sauce mit der Schalenreduktion angereichert, was man sonst bei Schnittlauchsaucen nicht macht.

Zutaten für 4 Portionen:

1,5 kg frische Langustinen
Salz
Weißer Pfeffer
Saft von 1 Zitrone
120 g Butter
2 Schalotten
2 cl Cognac
0,2 l Riesling
0,2 l Crème fraîche
2 Fleischtomaten
1 cl Sherry
Bund Schnittlauch

Vorbereitungen:
Die Langustinen werden in rohem Zustand ausgebrochen und roh mariniert. Dafür den Darm herausziehen und die Schwänze in einer Schale mit Salz, weißem Pfeffer und der halben Menge Zitronensaft 30 Minuten marinieren. Die Köpfe und Körper der Langustinen auf einem Blech kurz trocknen lassen, dann in einem Mörser zerkleinern. Diesen Bruch in einem Topf mit 1 Drittel der Butter angehen lassen. Die Schalotten pellen und vierteln, zugeben, nach 15 Minuten mit dem Cognac und dem Riesling löschen, mit ¼ l Wasser auffüllen und 5 Minuten bei kleiner Flamme kochen.
Den Fond durch ein Haarsieb oder eine Etamine gießen und in einem Kasserol mit der Crème fraîche aufgießen.

Zubereitung:
Die Tomaten blanchieren, häuten, zerschneiden, ausdrücken und in kleine Würfel schneiden.

Den Crèmefond auf 1 Drittel einkochen, die Tomatenwürfel darunterheben und etwas darin ziehen lassen. In einer Pfanne das 2. Drittel der Butter zerlassen, die Langustinenschwänze darin kurz angehen lassen, dann herausnehmen und in der Sauce 3 Minuten ziehen lassen. Die Sauce in ein anderes Kasserol abgießen, mit dem Sherry abrunden. Langustinen mit etwas anhaftender Sauce zugedeckt warm stellen.
Die Sauce mit dem geschnittenen Schnittlauch verrühren, mit dem restlichen Zitronensaft, Salz und weißem Pfeffer den Geschmack korrigieren, das 3. Drittel der Butter zum Montieren verwenden. Die Langustinen jetzt auf den vorgewärmten Tellern anrichten und mit der Sauce nappieren.

Beilage: Pistazienreis
Wein: Badischer Ruländer oder Traminer

JÖRG UND DIETER MÜLLER

Langustinensalat mit grünen Böhnchen und Meauxsenfmarinade

Langoustines en salade chaude
aux haricots verts et à la moutarde de Meaux

Hier wird ein warmer Salat vorgestellt, eine ungewöhnliche, eine unorthodoxe Sache und damit, sowohl in der Kombination der Zutaten als auch deren Zubereitung dem Zeitgeschmack entsprechend. Nicht immer formen sich die Bestandteile eines so bunten Tellers zu einer solchen Harmonie des Geschmacks wie hier. Nicht zuletzt ist die Marinade am Gelingen der Komposition beteiligt, denn sie hüllt alle Bestandteile gemeinsam ein.

Zutaten für 4 Portionen:
600 g Böhnchen
Salz

Für die 1. Marinade:
2 Schalotten
50 g Schnittlauch
Pfeffer
30 g Kerbel
1 Teelöffel Zitronensaft

Für das Fumet:
2 Seezungengräten
1 Zwiebel
½ l Weißwein
4 Champignonköpfe
1 kg Langustinen

Für die 2. Marinade:
1 Teelöffel Moutarde de Meaux
¼ l Weißwein
2 Schalotten
Weißer Pfeffer
2 Eßlöffel Kerbelblätter
½ Eßlöffel Estragonblätter
30 g gesalzene Butter

Vorbereitungen:
Die Böhnchen an beiden Seiten kürzen, in gesalzenem Wasser 5 Minuten sprudelnd kochen, dann sofort mit der Schaumkelle herausheben und in Eiswasser abschrecken.
Für die 1. Marinade die Schalotten pellen und sehr fein zerreiben, mit dem geschnittenen Schnittlauch, mit Salz, Pfeffer, dem Kerbel, dem Zitronensaft verrühren und die Bohnen damit 10 oder 15 Minuten marinieren. Für das Fumet die Seezungengräten zerschlagen. Die Zwiebel pellen und in Scheiben schneiden, mit einer halben Tasse Wasser, dem Weißwein und den Champignons 20 Minuten kochen lassen. Durch ein feines Sieb gießen. Dieses Fumet in einem neuen Topf zum Kochen bringen und die Langustinen darin saignant pochieren. Dabei jedoch nicht weiterkochen lassen, sondern vom Herd ziehen, damit die Langustinen nicht hart werden. Die Schwänze dann ausbrechen und das etwa vorhandene Corail ebenfalls beiseite legen.
Zur Herstellung der 2. Marinade wird die 1. Marinade von den Bohnen abgenommen und zusätzlich mit dem Senf, dem Weißwein, den gepellten, zerschnittenen Schalotten, dem weißen Pfeffer, den Kerbelblättern, den Estragonblättern und der gesalzenen Butter, die vorher erwärmt wurde, vermischt.
Diese Marinade über die Langustinen geben und sie 20 Minuten darin ziehen lassen.

Zubereitung:
4 tiefe Teller vorwärmen. Zuunterst die lauwarmen Böhnchen legen, darauf die Langustinen ohne Marinade und darüber das gehackte Corail. Der Salat soll nur wenig von der Marinade behalten.

Wein: Elsässer Riesling

ALBERT BOULEY

Terrine von Langustinen, Gänseleber und feingeschnittenen Gemüsen nach Jacques Le Divellec

Terrine de langoustines et de foie gras aux légumes fins d'après Jacques Le Divellec

Günter Scherrer widmet dieses Rezept einem befreundeten Kollegen und Restaurateur von der Atlantikküste, dem Landstrich der Langusten und des Muscadet. Beste Stopfleber muß in diesem Gericht verwendet werden, Leber die nach dem Pochieren im Wein so hell wie möglich ist, mit dem rötlichbraunen Anflug in der Mitte des Leberstückes. Die Einlegearbeit kostet Geduld und Zeit, sie muß aber so exakt wie möglich ausgeführt werden.

Zutaten für 20 Portionen:

1,5 kg Gänseleber
Salz
Weißer Pfeffer
100 g tournierte Möhren
100 g Prinzeßbohnen
1,5 kg Fleischtomaten
2 Eßlöffel Olivenöl
Rosa Salz
2 Eßlöffel gehackte Kerbelblätter
20 gepellte Langustinenschwänze
0,1 l Muscadet

Vorbereitungen:

Die Leber putzen, aufschneiden, die inneren weißen Gefäße herausziehen, innen salzen und pfeffern, wieder zusammendrücken und in Pergamentpapier 30 Minuten im Kühlschrank ruhen lassen.

Die Möhren und Prinzeßbohnen al dente kochen und abschrecken.

Die Tomaten blanchieren, häuten, halbieren, entkernen, in Würfel schneiden. In einer Schale mit dem Olivenöl, dem rosa Salz und dem weißen Pfeffer sowie dem Kerbel vermischen und zugedeckt im Kühlschrank 2 Stunden ziehen lassen.

Zubereitung:

Eine lange konische Pastetenform nehmen und die Gänseleberstücke mit der Hautseite zur Terrinenwand fest einlegen und andrücken. Die Langustinenschwänze übereinander in zwei Reihen an den Außenseiten anordnen, so daß die Schwänze in der Gänseleber verankert sind und ihre Lage beibehalten. In die Mitte zuunterst eine aneinanderliegende Reihe von gleichförmig tournierten Möhren, darüber ein schmales Bündelchen Bohnen und darüber wieder eine Reihe Möhrenstifte. Alles so exakt wie möglich ausführen, damit das Schnittbild später gut wirkt. Die Oberfläche glätten. Die Terrine jetzt mit dem Muscadet auffüllen und diese Form dann ganz mit Alufolie einschlagen und verschließen. Den Backofen auf 80° C vorheizen und die Terrine hineinschieben. Den Inhalt 40 Minuten backen beziehungsweise pochieren.

Die Terrine abkühlen lassen und zum Schluß mit einem Gewicht beschweren, damit sich keine Blasen bilden und die Einlagen nicht verrutschen. Nach 12 Stunden die Form zum Anrichten auf ein Brett stürzen und in dicke Scheiben tranchieren.

Auf kalten Tellern anrichten und mit den marinierten Tomates concassées dekorieren.

Beilagen: Weißbrot oder Melbatoast
Wein: Saar-Riesling

Anmerkung:

Man kann anstelle der Langustinenschwänze auch Gravad-Lachsstreifen nehmen oder geräucherte Filets von Lachsforellen.

GÜNTER SCHERRER

Gewärmte Gemüsemelange mit Langustinen und Beurre fumé

Macédoine de légumes aux langoustines beurre fumé

Wieder wählt Albert Bouley ein an sich einfaches Rezeptmuster, füllt es jedoch mit der ihm eigenen Art der Zutaten neu an, so daß wir eine Spezialität auf dem Teller haben. In einem tiefen (Suppen-)Teller, der ebenfalls zum bevorzugten Anrichtestil Bouleys gehört.

Zutaten für 4 Portionen:
Für die Melange:
½ Sellerieknolle
1 Fenchelknolle
2 Möhren
2 Schalotten
1 Porreestange (Lauchstange)
1 Staude Englischer Sellerie

Für die Marinade:
Salz
Weißer Pfeffer
⅛ l Pouilly Fumé
2 Schalotten
1 Bund Schnittlauch
50 g Butter
Saft von 1 Zitrone

Für die Beurre fumé:
2 Schalotten
150 g Butter
⅛ l Pouilly Fumé

Ferner:
8 Langustinen
1 Eßlöffel Traubenkernöl

Vorbereitungen:
Zuerst die Gemüse putzen und in mundgerechte Stücke zerteilen, je nach der Struktur der Gemüse. Die Sellerie- und die Fenchelknollen in Juliennes, die Möhren in Rondelles, die Schalotten in Scheiben schneiden, die dann zu Ringen zerfallen. Vom Porree nur das innere Weiße nehmen und ihn, wie auch den Staudensellerie, in 3 cm breite Streifen schneiden.
Diese Gemüse 5 Minuten in einem Kasserol mit gesalzenem Wasser kochen, dann abgießen und in eiskaltes Wasser werfen, damit sie knackig bleiben.

Für die Marinade in einer Schale Salz, weißen Pfeffer und Pouilly Fumé verrühren, bis sich das Salz gelöst hat. Die Schalotten pellen und in feinste Würfel schneiden. Den Schnittlauch waschen, schneiden, zufügen. Die Butter in einem Kasserol zerlassen und die Schalotten darin eine Minute lang angehen lassen, dann sofort in die Marinade geben. Den Zitronensaft zufügen, verrühren und die knackig gekochten und inzwischen abgekühlten Gemüsestücke hineinmischen und einige Stunden marinieren. Für die Beurre fumé die Schalotten wieder pellen und in Stücke schneiden. Die Butter cremig werden lassen und im Elektromixer mit dem Wein 2–3 Minuten pürieren. Noch cremig herausholen und abkühlen lassen.

Zubereitung:
Die Langustinen kurz pochieren, damit sie saignant bleiben, ausbrechen und das etwaige Corail aufheben. Das Traubenkernöl in einem Kasserol erhitzen und das Corail darin kurz steif werden lassen, dann herausnehmen und die Langustinen darin bei kühler werdendem Öl ebenfalls absteifen.
Jetzt das Corail unter die Butter kneten.
Zum Anrichten die noch lauwarmen Gemüse mit den lauwarmen Langustinen vermischen, in tiefe Teller gehäuft verteilen und mit der zerschmelzenden Beurre fumé nappieren.

Beilage: Walnußbrot
Wein: Pouilly Fumé

ALBERT BOULEY

Getrüffeltes Hummer-salpikon in Omelette

Omelette cardinal

Bild Seite 98

Ein Gericht für gewissenhafte Köche, die auch solch ein traditionelles Gericht genauso gut zubereiten wie eine hypermoderne Kreation. Der Hummergeschmack soll naturell bleiben, die Gewürze, einschließlich des Cognacs, müssen zurückhaltend verwendet werden. Omelette Cardinal eignet sich als warmes Hors d'œuvre oder Zwischengericht.

Zutaten für 2 Portionen:

1 Hummer von 800–1000 g

½ l Weißwein

¼ l Crème fraîche

Cayennepfeffer

25 g frische Champignons

2 cl Cognac

50 g Butter

6 Eier

Salz

1 mittelgroße Trüffel

Zubereitung:
Den Hummer in kochendem Wasser töten und 10 Minuten ziehen lassen. Dann etwas abkühlen lassen und ausbrechen. Die Karkassen zerschlagen und mit dem Weißwein zu Fumet verkochen. Dann abseihen und das Fumet mit der Crème fraîche, dem Cayennepfeffer und den geschnittenen Champignons auf nappierfähige Saucenkonsistenz reduzieren.
Den Hummerkörper in Frikasseestücke zerschneiden und in einem Kasserol mit dem Cognac flämmen und ausbrennen lassen. Die Hälfte der Butter dazugeben und die Sauce über das Hummerfleisch gießen, locker unterheben und ziehen lassen.
Die Eier mit Salz verquirlen und mit dem Rest Butter zwei ovale Omelettes herstellen, auf vorgewärmten Tellern jeweils in der Mitte anrichten, aufschneiden und mit dem Hummersalpikon füllen. Die Trüffel in Blätter hobeln und darüberlegen. Die Hummernase am vorderen Teil der Omelette anstecken. Das Scherenfleisch obenauf legen.

Beilagen: Trüffelreis, Kleiner Salat
Wein: Weißer Burgunder

JACQUES MANIÈRE

Hummer in einer Crème mit Äpfelwein

Demoiselles de Cherbourg au cidre

Die Porreecrème, auf der die Hummer angerichtet werden, bezieht ihren säuerlichen Geschmack einmal vom Cidre, dem Äpfelwein, zum anderen vom Apfelessig. Henri Lévy verwendet die kleinen bretonischen Hummern, die es nicht immer und überall zu kaufen gibt. Dies ist ein dekoratives Teller- oder Kasserolgericht.

Zutaten für 4 Portionen:

Salz

4 kleine bretonische Blauhummer à 350 g Lebendgewicht

2 Porreestangen (Lauchstangen)

100 g Butter

1 dl trockenen Cidre (Äpfelwein)

Einige Tropfen Apfelessig

Estragonblätter

Vorbereitungen:
Das Wasser mit reichlich Salz zum Kochen bringen und die Hummer darin töten und nachziehen lassen. Nach 15 Minuten ausbrechen und das Fleisch in große Stücke schneiden.
Die Porreestangen putzen, die grünen Blattstücke und die Wurzeln abschneiden, so daß nur das Weiße übrigbleibt. In einem Kasserol die Butter zergehen lassen, das in Scheiben geschnittene Porreeweiße darin angehen lassen, mit dem Cidre auffüllen, etwas Apfelessig dazugeben, sodann einige Estragonblätter, reduzieren, die Crème fleurette unterziehen und wieder auf Saucenkonsistenz reduzieren.

Zubereitung:
Auf einer Gratinplatte den Porree hügelartig anrichten und die Hummerstücke darauflegen. Mit der Sauce übergießen. Im Salamander kurz angehen lassen und mit gezupften Estragonblättern verzieren.

Beilagen: Porreeflan, Gratin Dauphinois (Rezept Seite 116)
Wein: Pouilly Fumé

HENRI LÉVY

Hummer auf Brunnenkresse mit Champagnersauce

Homard sur cresson
à la sauce au Champagne

Bild Seite 111

Immer wieder werden Fisch- und Fleischstücke mit oder gar auf Kräutern präsentiert.

Die Brunnenkresse, nicht zu verwechseln mit der geschmacklich und botanisch völlig anderen Gartenkresse, legen Frankreichs Köche als nasses Büschel neben Grillfleisch. Bei dem hier beschriebenen Gericht erlebt man eine Zubereitung der Brunnenkresse, die der von Rahmspinat ähnelt. Natürlich sind aber die geschmacklichen Vorzeichen ganz unterschiedlich. Brunnenkresse ist bei uns selten auf dem Markt, leider, – sie muß fast immer importiert werden. Wer aber viel spazierengeht und sich etwas auskennt, der kann sie noch an kleinen Bächen finden.

Zutaten für 6 Portionen:

2 Hummer zu je 500–600 g brutto	
3 Bund frische Brunnenkresse	
500 g Blattspinat	
50 g Butter	
1 Zwiebel	
1 Knoblauchzehe	
3 cl Crème fraîche	

Für die Sauce:

½ l Fischvelouté	
50 g gesalzene französische Butter	
4 cl Champagner	

Außerdem:

Salz	
Weißer Pfeffer	

Vorbereitungen:
Die Hummer wie gewohnt in sprudelnd kochendem Wasser töten und garziehen lassen. Dann lauwarm abkühlen und ausbrechen.

Die Brunnenkresse oberhalb des Bindegeflechtes abschneiden. Dann kalt abspülen, Wasser ausdrücken und ausschwenken.

Den Spinat verlesen, die Stiele abschneiden, die Blätter waschen. Mit der Hälfte der Brunnenkresse in gesalzenem Wasser 2–3 Minuten blanchieren. Dann sofort herausnehmen und in Wasser mit Roheisstücken abschrecken. Dadurch bleibt die grüne Farbe erhalten.

In einer Sauteuse die Hälfte der Butter zergehen lassen. Die Zwiebel und die Knoblauchzehe pellen, fein würfeln und miteinander in der Butter angehen lassen. Den Spinat mit der Brunnenkresse auf dem Brett grob zerschneiden, in der Butter zusammenfallen lassen, einige Male umwenden und sofort vom Herd nehmen.

Die Crème fraîche zufügen, dann noch einmal aufkochen, wieder leicht abkühlen lassen und im Elektromixer pürieren.

Für die Sauce die Fischvelouté, die nach bekannter Methode hergestellt wird, mit der gesalzenen französischen Butter und dem Champagner montieren.

Zubereitung:
Das Kressemus mit der restlichen Butter aufschlagen, mit Salz und weißem Pfeffer abschmecken.

Das Hummerfleisch von Schwanz und Scheren, der Länge nach in Scheiben schneiden, das Scherenfleisch ebenfalls längs halbiert. Die Velouté wieder aufwärmen, aber nicht kochen lassen. Dann zum Spiegel ausgießen und das heiße Kressemus sowie die restlichen Kresseblätter darauf anrichten, die Hummerscheiben ebenfalls, und zwar als Treppe.

Wein: Chablis

ARMIN SCHERRER

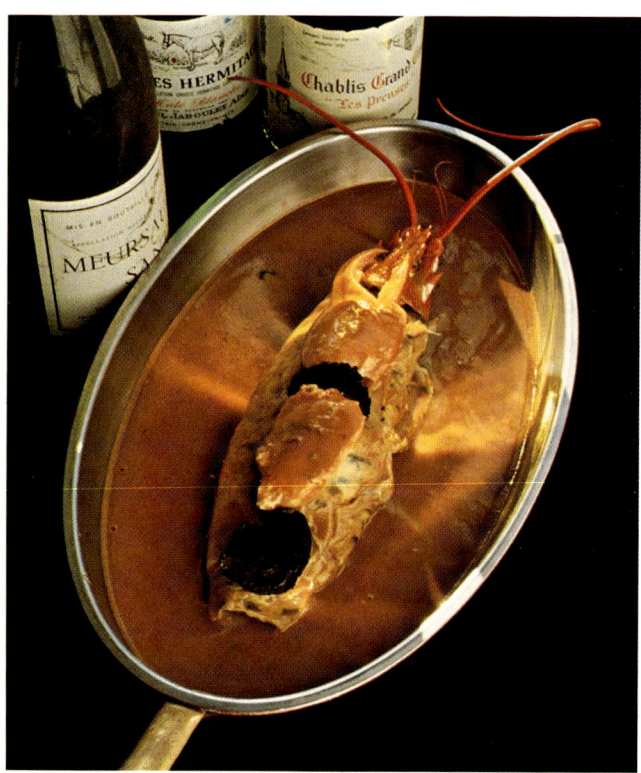

Oben: *Getrüffeltes Hummersalpikon in Omelette. – Omelette cardinal. Rezept Seite 96*

Rechts: *Krustentiersalat mit Muscheln. – Salade de fruits de mer. Rezept Seite 80*

Jacques Manière

Hummer-Langusten-Langustinen-Marmite

Petite marmite aux trois crustacés

Eine seltene Kombination, weil die Hauptbestandteile ihrer Natur nach den gleichen Geschmack haben. Der gastronomische Witz liegt in der Verarbeitung der Krustentiere als Marmite. Das Rezept ähnelt dem Hummereintopf von Roland Hartung (München). Die Kräuter und Gewürze machen dieses Gericht zu einer Delikatesse.

Zutaten für 4 Portionen:

4 große Zwiebeln
⅛ Sellerieknolle
2 Porreestangen (Lauchstangen)
1 Staude englischer Bleichsellerie
4 mittelgroße Möhren
2 Flaschen trockener Weißwein
1 Zweig Thymian
2 Lorbeerblätter
1 Knoblauchzehe
2 Gewürznelken
Salz
Pfeffer
800 g frischer Hummer
800 g Langusten
12 Langustinen
4 ganze Eier
1 Eßlöffel helles Tomatenpüree

Vorbereitungen:
Die Gemüse (Zwiebeln, Sellerie, Porree, Bleichsellerie, Möhren) putzen, waschen, in 2 Hälften teilen. Die eine Hälfte zu einer Courtbouillon verwenden, die andere Hälfte bis zum nächsten Tag aufbewahren. Die erste Hälfte passend geschnitten in einen geräumigen Topf geben und mit dem Weißwein, 1 l Wasser, dem Thymian, den Lorbeerblättern, der gepellten und zerdrückten Knoblauchzehe, den Gewürznelken, Salz und Pfeffer 20 Minuten bei mittlerer Hitze kochen lassen. Hummer, Langusten und Langustinen dazugeben und noch einmal 20 Minuten kochen, dann 30 Minuten ohne Hitze nachziehen lassen. Hummer, Langusten und Langustinen ausbrechen. Die Schwänze warm stellen, das Fleisch aus den Scheren zerhacken und wieder in den Sud geben, 10 Minuten ziehen, dann abkühlen lassen.

Zubereitung:
Am anderen Tag die restliche Hälfte des geschnittenen Gemüses zugeben, 15 Minuten kochen und in einen anderen Topf abseihen.
Die Eier mit dem Tomatenpüree verquirlen und den Sud damit langsam klären. 20 Minuten absetzen lassen. Den geklärten Sud vom Kläreiweiß durch Abseihen befreien und auf 1 l reduzieren. Die ausgebrochenen schönen Schwanzstücke der Krustentiere damit kochendheiß übergießen.
Bei entsprechender frischer Ware kann man die Schwänze lebend ausbrechen und ausgeschält in ein Sautoir legen, mit dem heißen Fond, in dem die geschnittenen Gemüse liegen, übergießen und nur 5 Minuten bei schwacher Hitze anziehen lassen.
Pierre Romeyer überläßt es dem Benutzer des Rezeptes, lebende oder vorgekochte Krustentiere zu verwenden. Außerdem kann man statt des Weißweins auch Rotwein nehmen, natürlich einen leichten hellfarbigen.

Beilage: Stangenweißbrot
Wein: Der gleiche Weiß- oder Rotwein wie im Gericht

PIERRE ROMEYER

Hummermedaillons auf Zuckerschoten

Médaillons de homard
aux mange-touts

Die Franzosen nennen Zuckerschoten mange-touts, die man also ganz ißt, weil sie gerade in der saftigen Schale viel Geschmack haben. Früher war in Deutschland für diese Erbsenart der Ausdruck Kaiserschoten üblich, und man bereitete das Leipziger Allerlei noch original mit Krebsen und Krebssauce zu. So basiert Armin Scherrers Gericht auf traditionellem Boden. Eine raffinierte Nuance wird durch die Sagoperlen in der Sauce erreicht. Die scharfe Chilisauce muß vorsichtig dosiert werden; bei den nachfolgenden Zutatenangaben ist die Höchstmenge genannt.

Zutaten für 4 Portionen:

800 g Hummer
Courtbouillon
150 g Tomaten
50 g fertige Chilisauce
1 Tasse Crème fraîche
10 g geriebener Meerrettich
1 Spritzer Tabascosauce
Salz
1 Teelöffel Zucker
Weißer Pfeffer
30 g Tapioka/Sago
400 g Zuckerschoten
Saft von 1 Zitrone
3 Eßlöffel Olivenöl
10 g Kerbelblätter

Vorbereitungen:
Den Hummer in kochendem Wasser töten, dann in einer Courtbouillon kochen und lauwarm ausbrechen. Den Schwanz unzerteilt zurückbehalten, weil daraus die Medaillons geschnitten werden. Die Scheren einmal der Länge nach durchtrennen, so daß 4 Hälften entstehen.
Die Tomaten blanchieren, enthäuten, vierteln, Saft und Kerne ausdrücken, in Stücke zerschneiden, zu Concassée verarbeiten, mit der Chilisauce vermischen und zusammen durch ein Haarsieb streichen. Die Crème fraîche zuerst zugeben, dann den Meerrettich, die Tabascosauce, Salz und Zucker, zuletzt weißen Pfeffer.
Den Tapioka/Sago in reichlich Wasser kochen, dann abgießen, mit kaltem Wasser abschrecken und später in die Tomatensauce geben.
Die Zuckerschoten waschen, in gesalzenem Wasser blanchieren, in eine Schale legen. Den Zitronensaft mit dem Olivenöl, von dem einige Tropfen zurückbehalten werden müssen, Salz und Pfeffer verrühren und die Schoten darin 10 Minuten marinieren.

Zubereitung:
Die rote Tomatensauce als Spiegel auf die Teller gießen. Darauf die Medaillons des Hummerschwanzes anrichten. Die Hummerscheren mit dem Ölrest etwas ölen und anlegen. Die Zuckerschoten fächerförmig dazu in der Sauce anordnen, die Hummerstücke mit den gezupften Kerbelblättchen dekorieren.

Beilage: Buttergetoastetes Grahambrot
Wein: Trockener Champagner

ARMIN SCHERRER

Warme Hummerpastete mit Hechtklößchenmousse und Blätterteig

Pâté de homard chaud en feuilleté

Die Verwendung von Glutamat bei Krustentiergerichten ist eine Besonderheit von Günter Scherrer. Er intensiviert damit den an sich schwachen Eigengeschmack beträchtlich. Glutamat schmeckt, wie man weiß, selbst neutral.

Der Sabayon mit frischen Kerbelblättern darf das Gericht nicht unterdrücken. So könnte ich mir stattdessen auch Gartenkresse oder Brunnenkresse vorstellen. Nicht aber Dill oder Estragon. Die ziselierten Teigoberflächen sind ein »alter Hut«, leider auch mühsam und ohne geschmacklichen Wert. Sie sind ein Zugeständnis an den Gast und seine Optikwünsche.

Zutaten für 2 Portionen:

1 kg Hummer
100 g Hechtfilet
1 Messerspitze Muskatblüte
Salz
0,1 l frische Sahne
5 cl steifgeschlagene Sahne
1 größere Trüffel
200 g Blätterteig
1 Eigelb

Vorbereitungen:
Den Hummer 12 Minuten kochen und im Fond abkühlen lassen. Dann ausbrechen, den Corpus und die Schwanzschalen jedoch nicht verletzen, sie werden noch gebraucht. Den Schwanz gesondert aufheben. Das Fleisch aus den Scheren und das Hummer-Corail in einen Mixer geben. Das Hechtfilet zerschneiden und zufügen, 2 Eiswürfel, Muskatblüte und Salz dazutun. Sehr fein pürieren und dann 30 Minuten in den Kühlschrank stellen. Danach mit der gekühlten, frischen Sahne gut aufarbeiten, zuletzt die geschlagene Sahne untermischen und glattschlagen. Den Hummerkörper damit füllen.

Das Fleisch vom Hummerschwanz in Medaillons, die Trüffel in dünne Scheiben schneiden. Abwechselnd Medaillon und Trüffelscheibe zusammensetzen, so daß wieder die alte Form entsteht.

Den Blätterteig auf bemehlter Unterlage hauchdünn ausrollen und dann mit der Hechtfarce bestreichen, die aus der Füllung übriggeblieben ist. Den zusammengesetzten Hummerschwanz (rot/schwarz) darin einwickeln und mit der einen Seite an den gefüllten Körper des Hummers anbringen, so daß wieder das Bild eines ganzen Hummers entsteht. Auch die Schwanzflosse ansetzen.

Die Konturen der Schwanzkarkasse im Teig mit einer Nadel nachzeichnen, alles mit verquirltem Eigelb einstreichen und vorsichtig auf ein Blech setzen.

Zubereitung:
Den Backofen auf 180° C vorheizen und den Hummer darin 20 Minuten lang backen.
Beim Servieren erhält der Gast eine oder zwei Tranchen mit den Trüffelscheiben und mit dem Löffel ausgestochene Hechtfarce aus dem leeren Hummerkörper.

Beilage: Kerbelsabayon
Wein: Trockener Rheingauer Ruländer

GÜNTER SCHERRER

Froschschenkel in Blätterteigtasche mit Kaviar und grünem Spargel

*Chausson de cuisses de grenouilles
au caviar et aux pointes d'asperges vertes*

Eine typische Kreation des sensiblen Maître Henri: leicht und hell, mit zarten Gewürznuancen.
Die Effekte werden mit exquisiten Rohstoffen erzielt, exotische Zutaten erscheinen unnötig.
Die weiße Butter ist ein wichtiges Requisit in Henri Lévys Küche.

Zutaten für 4 Portionen:

200 g Froschschenkel

Salz

Weißer Pfeffer

50 g Butter

Saft von 1 Zitrone

10 Stangen grüner Spargel

80 g Blätterteig

Schnittlauch

30 g Beluga Kaviar

1 Schalotte

4 cl weißer Burgunderwein

60 g gesalzene Butter

Vorbereitungen:
Die kleinen Knochen aus den Froschschenkeln auslösen.
Dann die Froschschenkel mit Salz und weißem Pfeffer in aufsteigender Butter kurz sautieren.
Die halbe Menge des Zitronensaftes zugeben und die Froschschenkel ziehen lassen.
Die Spargel in gesalzenem Wasser blanchieren und kalt abschrecken.
Nur die Köpfe verwenden (die anderen Spargelabschnitte können in Suppen verarbeitet werden).
Den Blätterteig auf einer bemehlten Unterlage sehr dünn ausrollen und in 8 rechteckige Stücke schneiden. Diese auf einem Blech im Backofen bei 240° C goldbraun backen, was sehr schnell geht.

Zubereitung:
Den Schnittlauch waschen und kleinschneiden. Die Kaviardose kühl stellen.
Die Schalotte pellen und fein würfeln, den weißen Burgunder in ein Kasserol gießen, die Schalotte zugeben und mit dem Wein eindampfen lassen, den restlichen Zitronensaft hineinträufeln.

Die gesalzene Butter in kalten Flocken in diese Masse hineinschlagen und abschmecken.
Den Kaviar unterziehen.
Den Schnittlauch untermischen.
Zum Anrichten die Blätterteigtafeln ausbreiten und die Hälfte, also 4 Stück, auf vier vorgewärmten Tellern verteilen.
Froschschenkel und Spargelstücke darauflegen, mit der Beurre blanc nappieren.
Noch 1 Minute in den Backofen schieben und die restlichen 4 Blätterteigstücke als Deckel darauflegen oder aber seitlich plazieren.
Irgendwelche Beilagen erübrigen sich.

Wein: Meursault

HENRI LÉVY

Froschschenkel in Hechtklößchenmousse

Mousseline de sole et de brochet
aux cuisses de grenouilles

Dies ist wohl eine der größten kulinarischen Erfindungen der Köcheliteratur. Das Gericht bekam ich zum ersten Mal vor etwa 20 Jahren in Illhäusern serviert. Seit dieser Zeit hat es nicht an Anziehungskraft verloren. Statt in Formen kann die Soufflémasse auch mit der gekräuterten Froschschenkel-Einlage in großen ausgestochenen Klößen pochiert werden.

Zutaten für 4 Portionen:
24 Froschschenkel

Für den Sud:
½ l Riesling
2 Schalotten
Salz
Weißer Pfeffer
30 g Butter

Außerdem für die Mousseline:
200 g Seezungenfilet
200 g Hechtfleisch
Salz
Weißer Pfeffer
½ l Crème fraîche
Etwas Butter zum Ausstreichen der Formen
100 g Schnittlauch

Vorbereitungen:
Die Froschschenkel unten kürzen und sie dann 6 Stunden in Wasser mit Eiswürfeln legen. Dadurch quellen die Froschschenkel auf und werden noch weißer. Das Wasser muß nach jeweils zwei Stunden wieder erneuert werden.
Für den Sud in einem Kasserol aus der halben Menge Riesling, den Schalotten, Salz, weißem Pfeffer, Butter, einen Sud mischen und 5 Minuten kochen lassen. Dann die Froschschenkel aus dem kalten Wasser in den Sud legen und 8 Minuten darin kochen. Dann herausnehmen, entbeinen, den Sud durch ein Sieb gießen und beiseite stellen.
Jetzt die Mousseline herstellen. Dazu den Fisch (Seezungenfilet und Hechtfleisch) mit Salz, weißem Pfeffer und einigen Würfeln Eis im Elektromixer fein pürieren, durch ein Haarsieb streichen, in einer Schale mit der Crème fraîche aufziehen und 30 Minuten ruhen lassen.

Zubereitung:
4 Ofenformen mit etwas Butter ausstreichen und zur Hälfte mit der Fischfarce füllen. Den Sud in einem Sautoir mit dem restlichen Wein vermischen, auf 1 Achtel reduzieren.
Die Froschschenkel darin wieder aufwärmen. Diese jetzt mit einer kleinen Menge Sauce in die Formen geben, so daß gleichmäßige Portionen entstehen. Dann die Formen mit der Mousse füllen und die Oberfläche glattstreichen.
Die Mousse in den Formen in einer Bain-Marie im Backofen 15 Minuten lang pochieren.
Das Gericht in diesen Formen servieren und mit einem Rest des reduzierten Rieslingfonds beträufeln. Den Schnittlauch fein schneiden und obenauf streuen.

Beilage: Weißbrot
Wein: Elsässer Riesling

PAUL HAEBERLIN

Froschschenkel in Sauerampfersauce auf Rühreiern

*Les œufs brouillés et
cuisses de grenouilles à l'oseille*

Ein ebenso einfaches wie raffiniertes Gericht, das seit Jahren viel Erfolg hat. Durch die Variationsbreite in der Zusammensetzung der Kräuter oder der Weine sind zahlreiche Veränderungen möglich.

Zutaten für 6 Portionen:
500 g Froschschenkel
30 g Schalotten
5 cl trockener weißer Wermut (Noilly Prat)
1 dl trockener Weißwein
1 dl Geflügelfond
1 kleines Kräuterbündel

Für die Sauerampfersauce:
1 Büschel Sauerampferblätter
1 kleines Bouquet garni zusätzlich (mit Petersilienwurzeln, Thymian und Lorbeerblatt)
¼ l Crème fraîche

Für das Rührei:
100 g Butter
12 Eier
Salz
Weißer Pfeffer
4 Eßlöffel feingehackte Petersilie

Vorbereitungen:
Die Froschschenkel waschen und abtropfen lassen.
Die Schalotten pellen und fein würfeln.
In einem Kasserol den Wermut, den Weißwein, den Geflügelfond (aus Poularden-Parüren hergestellt) mit den Schalotten und dem Kräuterbündel 5 Minuten kochen lassen.
Die Froschschenkel einlegen und pochieren.
Nach 15 Minuten herausnehmen und die Knochen auslösen. Das Fleisch warm stellen.

Zubereitung:
Die Sauerampferblätter kleinschneiden, die Crème fraîche zugeben und mit dem Sud von den Froschschenkeln, in den noch das Bouquet garni gegeben wurde, auf sämige Saucenkonsistenz reduzieren.
Für das Rührei die Butter in einer entsprechend großen Pfanne zerlassen. Die Eier aufschlagen, salzen, pfeffern und in die Butter einlaufen lassen.
Die Hitze entsprechend regulieren, damit die Eier nicht zu schnell hart werden oder gar bräunen.
Zum Zerreißen der Masse den Holzspatel benutzen und die Eier in großen Flocken umwenden.
Dann die vorbereiteten Froschschenkel zugeben, aber nicht einmischen.
Zum Anrichten in die Mitte der vorgewärmten Teller jeweils einen Hügel Rührei setzen, darum herum einen Kranz aus der vorbereiteten cremigen Sauce gießen und mit der gehackten Petersilie überstreuen.

Beilage: Toast
Wein: Elsässer Silvaner

EMILE JUNG

105

Froschschenkelpilzragout mit Kresse auf Teigböden

Feuilleté de grenouilles au cresson

Die Unterlage aus vorgebackenem Teig ist altbekannt, und sie ist praktisch, weil sie die Portionsmenge etwa eines feingeschnittenen Ragouts optisch vergrößert und ihm zugleich den nötigen Halt gibt. Man hat immer schon versucht, den Teig durch Zusätze aufzuwerten, damit der Gast das Gebäck höher einschätzt und tatsächlich auch mitißt. So hat zum Beispiel Alfred Walterspiel geriebene Haselnüsse in den Mürbeteig für sein nach ihm benanntes Tartelett mit Hummer gemischt.

Zutaten für 4 Portionen:

1 Eßlöffel Mehl
250 g Blätterteig
2 Eigelbe
125 g Champignons
60 g Butter
⅛ l Crème fraîche
500 g Froschschenkel
50 g Brunnenkresse
Saft von ½ Zitrone
Salz
Pfeffer
⅛ l herber Weißwein
2 Schalotten

Vorbereitungen:
Auf der Arbeitsplatte das Mehl ausstäuben und den Blätterteig zu einem Rechteck ausrollen. Die Teigfläche soll etwa 30 × 20 cm groß und 6 mm dick sein. Dann 8 gleiche Rechtecke daraus schneiden, das heißt zwei pro Portion.
Diese Flecken auf ein bemehltes Backblech legen und mit den verquirlten Eigelben bestreichen. Darauf achten, daß die Eigelbe nicht vom Teig auf das Blech laufen, weil die Stücke dadurch schief aufgehen oder gar kleben bleiben.
Den Backofen auf 200° C vorheizen, das Blech hineinschieben und 15 Minuten darinlassen. Die Backofentür öffnen und den Temperaturschalter auf 0 stellen. Die Blätterteigstücke auskühlen lassen.
Die Champignons putzen und vierteln. In einem Kasserol die Butter zerlaufen und die Champignons darin angehen lassen, nach 2 Minuten die Crème fraîche zugeben, aufkochen lassen.

Die Froschschenkel waschen, die Füße abschneiden, die Knochen herausziehen, dann die Froschschenkel mit in die Champignons geben. Das Kasserol mit einem Deckel verschließen und den Topfinhalt 5 Minuten lang ziehen lassen.

Zubereitung:
Die Froschschenkel aus dem Sud fischen und beiseite stellen, die Champignons in der Sahne weiterkochen lassen, wobei die Flüssigkeit einkochen soll.
Die gewaschene Brunnenkresse im Elektromixer fein pürieren und dieses Mus in die Sahnesauce rühren. Den Zitronensaft und Salz mit Pfeffer zugeben. Jetzt die Froschschenkel zufügen, das Kasserol vom Herd nehmen, den Weißwein zugießen, die Schalotten fein hakken und einrühren und das Ragout wieder warm stellen.
Zum Anrichten jeden der 4 vorgewärmten Teller mit einem Teigboden belegen, darauf das helle Ragout verteilen, dann noch einige Brunnenkresseblätter darauflegen (wenn man noch welche hat und man mag), und mit den 4 übrigen Blätterteigrechtecken zudecken. Sofort servieren.

Beilage: Kleiner Salat
Wein: Weißer Burgunder

MICHEL GUÉRARD

Parfait von Froschschenkeln mit geräuchertem Lachs in Hechtmousse

Parfait de grenouilles au saumon fumé à la mousse de brochet

Hier sind Anklänge an eine der größten Leistungen der Kochkunst zu spüren, nämlich an Paul Haeberlins Hechtklöße mit gekräuterten Froschschenkeln gefüllt. Und dennoch zeigt dieses Gericht eine deutliche Weiterführung, und zwar sowohl formal als auch geschmacklich. Statt das Gericht in eine größere Pastetenform zu füllen, um das Parfait später in Tranchen zu servieren, kann man auch Portionsformen, die Darioles, oder Cassolettes verwenden.

Zutaten für 6 Portionen:

18 Froschschenkel

100 g Butter

100 g geräucherter Lachs

1 gehäufter Eßlöffel gehackte Petersilie

Für die Farce:

250 g Hechtfleisch ohne Gräten

0,4 l frische Sahne

Salz

Weißer Pfeffer

50 g grüner Pfeffer

1 Eßlöffel gehackte Estragonblätter

Für die Pastetenform:

150 g ungeräucherter Speck (grüner Speck)

8 Estragonzweige

Vorbereitungen:

Froschschenkel in der halben Buttermenge kurz sautieren, noch lauwarm entbeinen, aber so, daß der Knochen nur herausgezogen wird. Den geräucherten Lachs in feine Streifen schneiden und je einen dieser Streifen in die Schnittöffnung der Froschschenkel einstecken, dazu soviel gehackte Petersilie geben, wie technisch möglich ist, um die Öffnung wieder schließen zu können.

Für die Farce das Hechtfleisch kleinschneiden, mit 2 Würfeln Roheis im Elektromixer mit der gekühlten Sahne, Salz und weißem Pfeffer fein pürieren, in eine Schale umfüllen und mit den abgetropften grünen Pfefferkörnern und den gehackten Estragonblättern vermischen.

Hier kann man auch die kleineren Schenkel und deren Abschnitte einmischen.

Zubereitung:

Den Speck vorkühlen, dann mit der Maschine in dünne Scheiben schneiden und eine Pastetenform damit auskleiden. Darauf eine dünne Schicht Hechtfarce und darauf die von den Zweigen gestreiften Estragonblätter akkurat auflegen. Wieder mit Hechtfarce alles sicher befestigen, damit die Estragonblätter später nicht verrutschen. Jetzt die Froschschenkel im Wechsel mit einer Schicht Hechtfarce einfüllen, so daß man später beim Aufschneiden ein ansprechendes Bild bekommt. Am besten mit aneinanderhängenden Stücken zu vier Gruppen arbeiten. Die restliche Fläche mit Farce auffüllen und glattstreichen.

Den Backofen auf 200° C vorheizen. Eine Schale mit Wasser einstellen, in die die Pastetenform kommt. Den Inhalt darin 40 Minuten backen. Die Oberfläche mit Alufolie abdecken, sobald sich diese verfärben sollte.

Vor dem Anrichten das Parfait 12 Stunden auskühlen und ruhen lassen, dabei beschweren, damit die Form gehalten wird. Dann in Scheiben von 1 cm Dicke schneiden; diese auf die Teller verteilen. (Auch die Zubereitung in Darioles ist möglich – siehe Einleitung – dann portionsweise in Förmchen servieren.)

Beilagen: Toast und Cognacsahne. (Für die Cognacsahne Schlagsahne mit Cognac aufschlagen, dabei etwas Salz und nur eine Spur Zucker zugeben.)

Wein: Trockener Weißherbst vom Kaiserstuhl

RUDOLF KATZENBERGER

Basilikumsauce

Sauce au basilic

Die Sauce ist von zarter Würzkraft und zu Fischgerichten, hellen Fleischpasteten und Frikassees geeignet. Hans Peter Wodarz hat sie dem Gericht »Lachs und Kalb« zugeordnet (Rezept Seite 23), doch sie kann vielseitig verwendet werden.

Zutaten für 4 Portionen:

2 Eßlöffel Butter

2 kleine Schalotten

4 frische Champignons

8 cl Weißwein

4 cl weißer trockener Wermut

2 dl heller Kalbsfond

Ferner:

4 cl Sahne

30 g Butter

Salz

Weißer Pfeffer

20 frische Basilikumblätter

Zubereitung:
Die beiden Eßlöffel Butter am besten in einem Kupferkasserol zergehen lassen. Die Schalotten schälen, fein würfeln und in der Butter glasig werden lassen. Die Champignons putzen und in Scheiben schneiden, dann zusammen mit den Schalotten angehen lassen. Nach einigen Minuten mit dem Weißwein, dem Wermut und dem hellen Fond angießen und auf einen kleinen Rest einkochen lassen. Die Sahne zugeben und die sämige Sauce durch ein Haarsieb streichen. Wieder in ein Kasserol füllen, die Butter mit dem Schneebesen flockenweise einmontieren, Geschmack mit Salz und weißem Pfeffer korrigieren und zuletzt die gezupften Basilikumblätter einrühren. Sofort servieren.

HANS PETER WODARZ

Elsässer Rieslingsabayon

Sabayon au Riesling

Dieser Sabayon ist mit frischer dicker Sahne aufgezogen und kann mit Zusatz von Demiglace variiert werden. Er paßt sowohl zu gekochtem Fisch als auch zu Geflügel und harmoniert mit pochierten Eiern, Stangenspargeln und Artischocken.

Zutaten für 4 Portionen:

3 Eigelbe

4 Eßlöffel Riesling Clos du Zahnacker

Schwarzer Pfeffer

Salz

4 Eßlöffel Crème fraîche

1 Teelöffel Zucker

Zubereitung:
Die Eigelbe in einem Schlagkessel verrühren, dazu Weißwein, Pfeffer und Salz geben und den Kessel auf ein Wasserbad stellen und weiterschlagen.
Sobald die Eigelbe beginnen anzuziehen, die Crème fraîche langsam einarbeiten, bis der Sabayon glänzend und sämig aufgegangen ist. Dann mit Zucker nach Geschmack korrigieren.

GÜNTER SCHERRER

Sauce aus Dijonsenf mit Kresse

*Sauce froide à la moutarde
et au cresson*

Kresse und Tabasco verstärken noch den an sich schon recht würzigen Dijonsenf. Diese Senf-Variante ist hell, aber durch Zusatz von Wein sympathisch mild. Dijonsenf gilt als bester Senf der Welt. Er wird – wie alle guten Sachen – natürlich auch nachgeahmt.

Zutaten für 4 Portionen:

2 Eigelbe

2 Teelöffel Dijonsenf

Salz

5 cl Zitronensaft

18 cl Erdnußöl

1 Schalotte

6 Tropfen Tabasco

3 Zweige Brunnenkresse

Zubereitung:
In einer Rührschüssel die Eigelbe mit dem Senf, Salz und etwa 1 Drittel des angegebenen Zitronensaftes glattrühren. Diesen Ansatz in einem fadendünnen Strahl Erdnußöl mit dem Schneebesen kräftig aufschlagen. Dann den restlichen Zitronensaft zugeben.
Die Schalotte pellen und fein würfeln oder reiben. Roh in die Sauce rühren und dazu die Tabascotropfen geben, die genau abgezählt werden müssen sowie die feingeschnittene Brunnenkresse. Alles gut verrühren. Diese Sauce kann nur à la minute zubereitet werden; sie muß in jedem Fall am gleichen Tag verbraucht werden, weil sie rohe Zutaten enthält.

Verwendung zu: Pochierten Lachsmedaillons (aber auch außerhalb des Bereiches »Fisch« zu gebackenen Kalbsnieren, Aufschnitt, Roastbeef, Tafelspitz, Rinderbrust, Fleischsalat-Varianten und harten Eiern).

JEAN UND PIERRE TROISGROS

Grüner Schaum

Mousse verte

In der modernen Küche wird das Binden der aromatischen Grundflüssigkeiten (Fonds) durch Stärkeprodukte, wie etwa Mehl und Weizenpuder weitgehend vermieden. Durch Einkochen mit Sahne (Rahm), durch Verdampfen überschüssiger Flüssigkeit werden die Saucen sämig gemacht. Die cremige Konsistenz der hier beschriebenen Mousse verte wird durch die eingeschlagene Butter erreicht. Statt Schnittlauch kann auch jedes andere hocharomatische Kraut verwendet werden, wobei Basilikum, Kerbel, Petersilie, Estragon, Zitronenmelisse und Pfefferminze besonders geeignet sind.

Zutaten für 2 Portionen:

170 g Butter

4 Schalotten

1 Eßlöffel Weinessig

7 Eßlöffel trockener Weißwein

Salz

Weißer Pfeffer

1 Bund Schnittlauch

Zubereitung:
Die Butter in einem Topf warm stellen und cremig werden lassen.
Die Schalotten pellen und in feinste Würfel schneiden. In einer Sauteuse diese Würfel mit dem Weinessig und dem Weißwein, Salz und soviel weißem Pfeffer, wie er bei zwei Umdrehungen aus der Pfeffermühle fällt, soweit einkochen, daß eine Reduktion entsteht. Auf lauwarme Temperatur abkühlen lassen. Mit einem Schneebesen die weiche cremige Butter einschlagen und nicht zu warm stellen, damit die Sauce sich nicht zersetzt.
Den Schnittlauch verlesen, waschen, im Mixer sehr fein pürieren, das Mus durch ein kleines Kräuterhaarsieb streichen und den grünen Saft in die weiße Butter einrühren. Sofort aufhören, wenn der Schnittlauchgeschmack zu stark hervortreten sollte.

Beilage zu: Pochiertem Steinbutt und anderen Seefischen, Lachs, Krustentieren, Coquilles Saint-Jacques

FRANZ KELLER JR.

Oben: Hummer auf Brunnenkresse mit Champagner-
sauce. – Homard sur cresson à la sauce au Champagne.
Rezept Seite 97

Unten: Lachsforelle mit Corailcrèmesauce und Algen. –
Truite saumonée à la sauce au corail de homard et
passe-pierres. Rezept Seite 17

Links: Krebsschwänze mit Kohlrabiflan und grünem
Spargel. – Queues d'écrevisses au flan de choux-rave et
aux asperges vertes. Rezept Seite 81

Armin Scherrer

Sauce aus Estragonpüree

Sauce verte à l'estragon

Natürlich muß diese Sauce mit frischen Estragonblättern zubereitet werden. Die von den Troisgros angegebene Menge könnte gut verdoppelt werden. Und für Fischgerichte kann man reintönigen Fischfond als Basis nehmen. Auch etwas Crème fraîche wäre für die sämige Bindung angeraten.

Zutaten für 4 Portionen:
200 g Estragon
150 g Spinat
½ l weißer Geflügelfond
100 g Butter
Weißer Pfeffer
Salz

Zubereitung:
Den Estragon und den Spinat waschen, von den Stielen zupfen, in einem Topf mit wenig Wasser zusammenfallen lassen, danach sofort in eiskaltes Wasser legen, damit die Farbe erhalten bleibt.
Den Geflügelfond in einem Kasserol erhitzen und reduzieren, weißen Pfeffer und Salz zugeben, dann den Estragon und den Spinat. Diesen Fond nun durch ein Sieb streichen, in einem Kasserol wieder erhitzen, mit der Butter montieren, dann nicht mehr kochen lassen, sondern nur heiß am Herdrand stehen lassen.

Beilage zu: Forellen (aber auch Fleischgerichten wie Kalbsgeschnetzeltem, Piccata und so weiter)

Mangoldrippen mit Fourme gratiniert

Feuilles de blette gratinées à la fourme

Dies ist eine hervorragende Beilage zu vielen Fischgerichten.

Zutaten für 4 Portionen:
1 kg Mangoldstauden
100 g Butter
30 cl Crème double
2 Eigelbe
60 g Fourme-Käse
Salz
Weißer Pfeffer

Zubereitung:
Den Mangold putzen, den Strunk hoch abschneiden und dann die äußeren Blattseiten, die oft hart sind, besonders bei den größeren Außenblättern, abzupfen, so daß die fleischigen Rippen übrigbleiben. Bei den inneren Blättern nichts wegnehmen. Dann das Gemüse in mundgerechte Stücke schneiden, waschen und abtropfen lassen.
In einer feuerfesten ovalen Plat russe die Butter zerlassen, die Mangoldstücke hineinschichten, mit Alufolie oder Deckel verschlossen 15 Minuten lang dünsten. Die Hälfte der Crème double zugeben und wieder 10 Minuten (aber diesmal ohne Folien- oder Deckelschutz) dünsten, wobei ein Teil der Gemüseflüssigkeit verdunsten soll. Die Eigelbe mit der restlichen Crème double verquirlen, in einem Kasserol leicht erwärmen, den Fourme in kleinen Brocken darin schmelzen lassen, Salz und Pfeffer zugeben und über den Mangold gießen. Im Salamander schnell überkrusten und sofort servieren.

JEAN UND PIERRE TROISGROS

Fenchelpüree

Purée de fenouil

Hier präsentiert sich der Fenchel als Püree, wobei der Koch die Möglichkeit hat, den Geschmack nach eigenem Gutdünken zu variieren. Das Fenchelpüree eignet sich beispielsweise zu Loup de mer in der Salzkruste und gekochten Makrelen.

Zutaten für 4 Portionen:

5 Fenchelknollen mit Krautbüscheln

30 g Kalbsnierenfett

30 g Schalotten

⅛ l Kalbsfond

3 Eßlöffel Crème fraîche

Weißer Pfeffer

Salz

100 g Ochsenmark

Zubereitung:
Von 4 der Fenchelknollen die Außenblätter ablösen, waschen und eventuelle Flecken herausschneiden. Später wird in ihnen das fertige Püree angerichtet. Fenchelkraut hacken. Das Kalbsnierenfett in feine Würfel zerschneiden. Die Schalotten pellen und ebenfalls in feine Würfel schneiden. In einem Kasserol das Fett zergehen lassen und die Schalotten darin glasig werden lassen. Den Kalbsfond daraufgießen. Die vier abgeschälten Fenchelknollen in dicke Scheiben schneiden und in dem Fond 20 Minuten dünsten. Die Scheiben sollten dann weich genug sein, um durch ein Sieb gestrichen zu werden. Die 5. Knolle putzen, zerschneiden und im Elektromixer fein pürieren.
Das etwas abgekühlte gekochte und passierte Püree mit dem rohen Püree, der Crème fraîche, weißem Pfeffer und Salz vermischen und noch einmal im Mixer kurz durchlaufen lassen. Dieses Püree sofort in die anfangs vorbereiteten Fenchelblätter füllen, darauf je eine Scheibe von blanchiertem Ochsenmark und etwas vom gehackten krausen Fenchelkraut geben. Das Püree kann natürlich auch mit der Sterntülle gleich auf den vorgewärmten Teller dressiert werden, wobei das blanchierte Fenchelkraut untergezogen wird. Dieses ist jedoch in rohem Zustand recht hart, weshalb man nur die innersten gelblichen Blätter verwenden sollte.

GÜNTER SCHERRER

Glasierte ganze Schalotten

Échalotes glacées

Diese Beilage ist besonders als Ergänzung von Pfannensachen geeignet. Das Gericht kann statt mit Schalotten mit kleinen Zwiebeln, mit ganzen Knoblauchzehen und mit einer entsprechenden Mischung aus Schalotten, Zwiebeln und Knoblauchzehen zubereitet werden. Man kann die drei Zwiebelarten auch in einer Friture ungepellt minutenschnell rösten. Sie werden braun, bleiben innen weich und saftig und schmecken süß. Die Schalen können abgestreift werden.

Zutaten für 4 Portionen:

500 g Schalotten

100 g Butter

⅛ l Wasser

Salz

Weißer Pfeffer

½ Teelöffel Zucker

Zubereitung:
Die Schalotten gründlich abpellen, jedoch das Wurzelstück nicht zu stark kürzen, damit die Blätter ihren Halt nicht verlieren. An dieser Wurzelseite jedoch tief einkreuzen.
Die Butter in einem Kasserol zerlassen, die Schalotten daraufgeben und unter ständigem Wenden hellbraun werden lassen.
Das Wasser angießen, Salz, Pfeffer und Zucker zugeben, Kasserol mit Deckel verschließen und die Schalotten in 20 Minuten garziehen lassen. In dieser Zeit soll der Fond dick einkochen und dunkelbraun wie eine Glace de viande werden.

Neuer Spinatsalat

Épinards en salade à la nouvelle

Für diesen Salat muß man eine Spinatsorte mit dicken fleischigen Blättern nehmen, denn feinblätteriger Spinat fällt in der Vinaigrette zu schnell zusammen. Der Speck sollte aus gutem zarten Rauch kommen und wenig gesalzen sein. Die Verwendung von Zitronensaft gemeinsam mit Essig, Speck und Öl ist etwas ungewöhnlich für die traditionelle Küche.

Zutaten für 4 Portionen:

400 g Blattspinat

150 g geräucherter fetter Speck

2 hartgekochte Eier

½ Teelöffel weißer Senf

6 cl frisch gepreßter Zitronensaft

Salz

Weißer Pfeffer

14 cl Jungfernöl

4 cl Weinessig, hell

Vorbereitungen:
Spinat entrippen, in eiskaltem Wasser schnell abspülen, im Salatkorb ausschwenken. Den Speck in pfenniggroße, hauchdünne Blätter schneiden.
Nur die Eigelbe der hartgekochten Eier in einer emaillierten oder stählernen Schale zerdrücken. Die Eiweiße werden hier nicht gebraucht.
Den weißen Senf, den Zitronensaft, Salz und weißen Pfeffer zugeben und – am besten mit einem Holzspatel (einer Holzspachtel) – glattrühren. Unter ständigem Schlagen mit dem Schneebesen das Jungfernöl in dünnem Faden in die Sauce rinnen lassen.

Zubereitung:
Die Spinatblätter in die Schale mit der legierten Sauce geben, hin- und herschwenken, damit sich die Sauce an den Blättern festhalten kann. Dann auf vier kalten Tellern anrichten.
Die Speckblätter in einer mäßig warmen Pfanne nur kurz erhitzen; sie werden sofort goldbraun und kroß. Das Fett, das sich hierbei gebildet hat, abgießen. Die heißen Speckscheiben gleichmäßig über die vier angerichteten Salatportionen verteilen. Die noch heiße Pfanne mit dem Essig löschen. Den warmen Essig zum Schluß über den servierfertigen Salat träufeln.

JEAN UND PIERRE TROISGROS

Morcheln nach Franz Keller

Morilles à la Franz Keller

Diese Beilage eignet sich besonders für Fleurons und andere Krustaden sowie zum Füllen von Tournedos und zu Grilladen aller Art.

Zutaten für 6 Portionen:

600 g Spitzmorcheln

100 g Butter

⅛ l Crème fraîche

Salz

Weißer Pfeffer

1 Messerspitze geriebene Muskatnuß

2 Zweige Kerbel

Zubereitung:
Die Morcheln putzen, Sand und Baumnadeln heraussuchen oder -waschen, abtropfen. In einem Sautoir die Butter zergehen lassen, die Morcheln unzerschnitten 10 Minuten sautieren, dann mit der Crème fraîche angießen, mit Salz, weißem Pfeffer und Muskatnuß würzen, die von den Zweigen gezupften Kerbelblätter einrühren und etwas reduzieren.

FRANZ KELLER JR.

Morcheln à la Crème im Blätterteighaus

Feuilleté aux morilles à la crème

Nicht nur die Morchelsauce muß à la minute zubereitet werden, sondern auch das Teigstück. Denn nach bereits 2 oder 3 Stunden nimmt das Gebäck soviel Luftfeuchtigkeit auf, daß es beginnt lasch zu werden. Die Häuser sollen aber auch nicht nur optische Zutat sein, sondern müssen mitgegessen werden.

Zutaten für 6 Portionen:

250 g Blätterteig

1 Eigelb (oder etwas Milch)

200 g Spitzmorcheln, gequollen

¼ l Crème fraîche

⅛ l Glace de viande

Salz

Weißer Pfeffer

4 Eßlöffel Portwein

Zubereitung:
Den Teig dünn ausrollen. Die eine Hälfte als rechteckige Platte liegen lassen. Aus der anderen Hälfte drei gleichgroße rechteckige Umrandungen ausschneiden. Das restliche Rechteck als »Deckel« backen. Die Ränder dreifach übereinanderlegen, jeden mit verquirltem Eigelb oder Milch miteinander verbinden und diese dreifache Lage auf den Boden aufsetzen und durch Milch und Festdrücken befestigen. Im Backofen bei 220° C 30 Minuten backen, so daß der Teig blättrig aufgegangen ist.
Die Morcheln von Sand auswaschen, abtropfen, in Wasser 20 Minuten kochen, wieder abtropfen lassen, in einem kleineren Kasserol mit der Crème fraîche, der Glace de viande, Salz, Pfeffer und Portwein bei gelinder Hitze 10 Minuten sautieren, wobei die Flüssigkeit reduziert werden soll. Mit diesen sahnig gebundenen Morcheln das Blätterteighaus füllen. Am Tisch portionieren.

Salat von Böhnchen in Nußöl mit gebratener Gänseleber und badischen Trüffeln

Foie gras sauté aux truffes blanches à la salade d'haricots verts

Franz Keller empfiehlt hierzu die Trüffeln seiner Heimat. Die weißen Trüffeln von Alba in Italien, die im Sommer angeboten werden, tun es im Notfall auch. Die Menge des hier angegebenen Nußöls darf nicht erhöht werden, weil der leicht strenge Geschmack dieser Ölsorte die Harmonie stören könnte.

Zutaten für 1 Portion:

1½ Eßlöffel Nußöl

1 Teelöffel frischgepreßter Zitronensaft

90 g extrazarte Böhnchen

½ Artischockenboden

Salz

Weißer Pfeffer

½ Kopfsalat

80 g Gänsestopfleber

30 g Butter

30 g badische weiße Trüffeln

Vorbereitungen:
Zuerst die Salatsauce bereiten. Dazu in einer Schale das Nußöl mit dem Zitronensaft verrühren. Die Böhnchen putzen, an den Enden kürzen, in gesalzenem Wasser 3 Minuten blanchieren, dann in eiskaltem Wasser abschrecken. Auf einem Sieb ablaufen lassen. Den Artischockenboden in breite Streifen schneiden und darüber und über die Böhnchen das gesäuerte Öl gießen, dann ziehen lassen. Salz und Pfeffer dazugeben. Den Kopfsalat zerpflücken und die Blätter auf dem Teller ausbreiten. Darauf den kleinen Salat anrichten.

Zubereitung:
Aus der Gänseleber zwei flache Scheiben schneiden, die Butter in ein Kasserol geben und die Leberscheiben darin kurz braten, so daß sie zart bleiben. Dann in breite Streifen schneiden. Diese Streifen um den Salathügel legen.
Die Trüffel mit dem Hobel darüberhobeln. Die Leber muß zum Zeitpunkt des Servierens in jedem Fall noch lauwarm sein.

Wein: Sancerre

FRANZ KELLER JR.

Gemüsenudeln

Nouilles aux légumes

Diese Nudeln können auf Vorrat hergestellt werden. Kühl gelagert, halten sie sich längere Zeit. Bei Bedarf brauchen sie nur erwärmt zu werden, entweder in gesalzenem Wasser oder aber in der Butterpfanne. Sie schmecken vorzüglich als Beilage zu vielen Fischgerichten.

Zutaten für 4 Portionen:

80 g grüne und weiße Bandnudeln, wie flache Spaghetti
Salz für das Wasser
60 g Zucchini
60 g Möhren
60 g Porree (Lauch) oder englischen Sellerie oder Champignons
100 g Butter
Salz
Weißer Pfeffer
Geriebene Muskatnuß

Zubereitung:
Die Nudeln in gesalzenem Wasser al dente kochen und sofort in Eiswasser legen, damit sie nicht nachziehen. Die Zucchini ungeschält in mittelfeine Streifen schneiden und im selben Wasser, in dem die Nudeln gekocht wurden, knackig blanchieren und abschrecken. Die Möhren auch in mittelfeine Streifen (Porree, Sellerie, Champignons entsprechend) schneiden und wieder im selben Wasser knackig kochen und abschrecken. Getrennt aufheben. Das Wasser bis auf einen kleinen Rest einkochen, ohne daß das Salz zu stark wird. Die Nudeln in flüssiger Butter aufwärmen, die Gemüse zugeben, wobei so viel Wasser mit eingebracht werden soll, daß die Butter mit den Gemüsenudeln eine leichte angenehme Bindung bekommt. Mit Salz, Pfeffer und Muskatnuß würzen.

ARMIN SCHERRER

Gratin Dauphinois

Wir zeigen hier nicht die einfache Art des Gratin, sondern eine Form, die Raymond Thuilier zugeschrieben wird. Thuilier, der Altmeister aus Baumanière, ist der großen französischen Küchentradition verhaftet. Das hier beschriebene Basisrezept ist das zur Zeit in der feinen Küche wohl am häufigsten verwendete Kartoffelgericht. Es läßt der Phantasie des Kochs viel Raum für neue Varianten.

Zutaten für 4 Portionen:

2 Tassen frische Sahne
½ kg dicke Kartoffeln (halbfest kochende Sorte)
Salz
Weißer Pfeffer
75 g geriebener vollfetter Käse, Typ Emmentaler
Ein Hauch geriebene Muskatnuß
50 g Butter

Zubereitung:
Eine feuerfeste flache Form im Format der Plat russe mit etwas Sahne ausgießen. Die Kartoffeln schälen, waschen, in feinste Scheiben (Blätter) schneiden oder hobeln, wieder waschen, abtropfen und mit einem Tuch abtrocknen. Diese rohen Kartoffelblätter in einer ersten Schicht auf die Sahne legen, mit Salz, Pfeffer und Käse bestreuen. Eine zweite Kartoffelschicht darüber verteilen und wieder Sahne, Gewürze und Käse daraufgeben. Zuletzt mit einem Hauch Muskat und zarten Butterflocken versehen, im Salamander oder im Backofen bei starker Oberhitze 25–35 Minuten backen.

Anmerkung:
Man portioniert die Gratin-Kartoffeln mit einem großen Löffel. Die Kartoffelschichten dürfen nicht höher (dicker) als 2–3 cm sein. Es seien noch zwei der vielen denkbaren Varianten genannt. So Gratin Dauphinois mit Maronenpüree. In die gebutterte feuerfeste Form wird das Maronenpüree mit eingestrichen und kommt auch in die Mittelschicht.
Eine zweite Variante wäre ein Gratin, das zur einen Hälfte mit Kartoffeln und zur anderen mit Apfelscheiben zubereitet wird. Desgleichen kann man halbgar vorgekochte Kartoffeln nehmen.

Kartoffelpfannkuchen mit Trüffelscheiben

Crêpes parmentier aux truffes

Natürlich kann man die kleinen Puffer auch ohne schwarze Trüffeln zubereiten und dann entweder geraspelte weiße Trüffeln verwenden, oder auch Champignons, die man in Scheiben schneidet oder Bündner Fleisch in Streifen, gekochten Schinken, gepökelte Zunge oder gebratene, kleingehackte Kalbsleber.

Zutaten für 2 Portionen:

1 mittelgroße Kartoffel

1 Eigelb

Salz

1 Messerspitze geriebene Muskatnuß

Weißer Pfeffer

50 g geklärte Butter

4 große hauchdünne Scheiben schwarze Trüffeln

Zubereitung:
Die Kartoffel schälen, waschen, mit der Gitterreibe grobflockig reiben, diese Flocken in einer Etamine ausdrücken, so daß wohl etwas Saft herausfließt, die Kartoffelmasse aber nicht zu trocken wird.
Diese Masse in eine Schale geben und mit dem Eigelb, dem Salz, der geriebenen Muskatnuß und dem weißen Pfeffer vermischen.
In einer Pfanne die geklärte Butter zerfließen lassen und aus der Masse dünne Puffer backen.
Solange die Masse noch feucht ist, je eine schwarze Trüffelscheibe in die Mitte hineindrücken (oder aber weiße, geraspelte Trüffeln, oder Champignonscheiben oder Bündner Fleisch oder Schinken oder Zunge oder Kalbsleber).

Zarte Maispfannkuchen

Galettes de maïs

Der Mais spielt in den Küchen vieler Länder eine große Rolle, zum Beispiel in Italien, wo er als Polenta zum Essensalltag gehört oder in Mittelamerika, wie die Tamales, die mit Maiskörnern gefüllten Maisblätter ebenso gern gegessen werden wie die Tortillas, jene dünnen Maismehlküchlein, die man mit verschiedenen scharfen Saucen verspeist. In der französischen, aber auch in der deutschen Küche wird der Mais höchst stiefmütterlich behandelt. Sehr zu Unrecht, denn Maisgrieß kann zu hervorragenden neutral schmeckenden Beilagen verarbeitet werden. Hier also sind Maispfannkuchen. Natürlich können diese Pfannkuchen auch mit trocken gekochten Kartoffeln und Gemüsesplittern zubereitet werden.

Zutaten für 4 Portionen:

50 g Maisgrieß

200 g Milch

2 cl Crème fraîche

5 g Mehl

1 Ei

Salz

Weißer Pfeffer

60 g geklärte Butter

Zubereitung:
Den Maisgrieß mit der kalten Milch verrühren und 10 Minuten quellen lassen. Dann mit der Crème fraîche in einem Kasserol aufkochen. Das Mehl, das Ei, Salz und weißen Pfeffer dazugeben. Wieder 10 Minuten stehen lassen.
In einer Pfanne die geklärte Butter goldgelb werden lassen, den Maisgrießteig zu dünnen Pfannkuchen formen und in der Butter hellbraun braten. Die Maispfannkuchen sollen vor dem Servieren abtropfen.

Warenkunde und Küchenhandwerk

(Glossar)

In diesem Glossar werden Küchen- und Fachausdrücke, die im Text vorkommen, erläutert. Es wurde nicht für Fachleute geschrieben, sondern für Amateure, die ihr Wissen ergänzen möchten. Es finden sich in diesem Glossar auch Kurzrezepte von Beilagen, auf die im Rezeptteil verwiesen wurde oder knappe Erklärungen.
Die Verdeutschungen sind, soweit nicht anders angegeben, Übersetzungen aus dem Französischen.

Abbinden · Frisch hergestellte Farcen, Crèmes, Massen sollten vor einer weiteren Verarbeitung in kühler Umgebung (zum Beispiel im Kühlschrank) ruhen, damit sich die physikalischen Spannungen beruhigen und der Eindruck einer »Bindung« entsteht.

Alge · Meerespflanze, die teilweise nur als Unterlage für Austern verwendet, teilweise aber auch gegessen wird, wie die fleischige hellgrüne Passe-Pierre-Alge. Man verarbeitet sie vor allem zu Salat.

Angehen lassen · In der Fachsprache die beginnende Garung in der Pfanne, im Kasserol oder Topf, wenn ein Rohstoff langsam erwärmt wird. Es folgen dann weitere Vorgänge, die die eigentliche Garung bewirken.

Angießen · Gebratenes mit wenig Wasser, Fond oder Wein versetzen, so daß der Bratvorgang beendet wird. In der Fachsprache deglacieren.

Anprellen · Das kurze heftige Anbraten von rohem Fleisch in der Pfanne, um die Poren zu schließen. Zum Beispiel bei Geschnetzeltem, damit der Fleischsaft in den feingeschnittenen Streifen erhalten bleibt.

Anschlagen · Sahne, Eiweiß und so weiter steifschlagen oder auch nur halbsteif, zum Beispiel bei Schlagsahne, die nur halb angeschlagen werden kann.

Apfelessig · Obstessig aus Äpfelwein.

Äpfelsäure im Wein · Die Säure im Wein enthält Weinsäure, Äpfelsäure und viele andere Säuren. Die Äpfelsäure ist robuster und deutlicher zu schmecken als die feinere Weinsäure. Wein mit viel Äpfelsäure ist für die Küche nicht geeignet.

Armagnac · Französischer Weinbrand. Er ist fruchtiger als Cognac und wird deshalb in der Küche viel verwendet.

Arrosieren · Abgeleitet von arroser (begießen). Zum Beispiel einen Braten im Ofen mit Fond übergießen, damit die Kruste nicht zu fest oder gar hart wird.

Aufdressieren · Ungenauer Ausdruck für das Aufbringen von spritzfähigen Massen oder Crèmes auf einen anderen Rohstoff oder auf vorgebackenen Kuchen, beispielsweise auf Blätterteigböden, oder auf Backbleche.

Aufgießen · Eine Mischung aus Fett, Gemüsen oder Fleisch, nach dem Anbraten mit Flüssigkeit versetzen, so daß aus einem Braten ein Dünsten oder Schmoren wird. Der Bratensatz kann sich nach dem Aufgießen in der Flüssigkeit lösen, so daß eine Jus entsteht.

Aufgußflüssigkeit · Bei Konserven mitgelieferte Flüssigkeit, in der der eigentliche Rohstoff liegt. Die Flüssigkeit schützt beispielsweise Gemüse, Trüffeln und so weiter vor dem Austrocknen.

Aufschäumen · Bei Butter der Vorgang, bei dem das flüssige Fett sich erwärmt und das ebenfalls in der Butter befindliche Eiweiß zu Schaum auftreiben läßt. Der Bratvorgang in der aufschäumenden Butter geschieht bei geringer Hitze und schonend. »Aufschäumende« Butter wird auch als »aufsteigende« Butter bezeichnet.

Aufstreichen · Eine cremige Masse, Farce und so weiter auf eine Unterlage aufbringen, das kann etwa eine Scheibe Brot, eine Fischportion oder ein Fleischstück sein. Man streicht zum Beispiel eine Soufflémasse auf eine Geflügelbrust oder Schnitzel, um sie im Ofen flämmen zu können.

Ausbrechen · Vorbereiten von Zutaten, zum Beispiel gebratenes Geflügel ausbrechen bedeutet, von den Knochen trennen; bei Krustentieren: Inneres Fleisch von den harten Schalen trennen.

Austernöffner · Kurzes stabiles Instrument, mit dem man die Austernschalen an einer bestimmten Stelle neben dem Muskel auseinanderhebeln kann. Auch als Maschine gebräuchlich.

Autour · Herum. Zum Beispiel beim Anrichten auf die Teller das Gemüse um das Fleisch herum legen. Gegensatz: À part (einzeln, separat).

Avocado · Internationale Bezeichnung für die Frucht eines südamerikanischen Baumes. Sie ist fettreich, hat einen dicken Kern und wird meist halbiert und gefüllt serviert. Sie wird aber auch als Püree, mit anderen Massen vermischt, verwendet.

Babysteinbutt · Kleiner Steinbutt, auch Turbotin genannt, zarter, weicher im Fleisch, aber auch ausdrucksloser als der große, der ausgewachsene Steinbutt.

Bain-Marie · Wasserbad, in dem vorbereitete Saucen und Suppen warmgehalten werden oder in dem hitzeempfindliche Gerichte schonend gegart werden.

Bar · Atlantikfisch. Als Loup de mer wird dieser Fisch bezeichnet, wenn er aus dem Mittelmeer stammt. Dort wird er immer seltener, so daß man in der Praxis meist den Atlantik-Bar erhält.

Bart · Bei Austern der Kamm, der dunkler aussieht und in dem sich die Nahrung fängt. Wird nicht immer mitgegessen, zumal bei warmen Austerngerichten.

Basilikum · Sehr aromatisches Würzkraut, das in der modernen Küche ziemlich häufig als Gewürz in Suppen und Saucen verwendet wird.

Belon · Runde große Austernart aus Frankreich.

Beurre blanc · Wörtlich »weiße Butter«, die mit Schalottenpüree und Weißwein aufgeschlagene cremige Butter, halbflüssig serviert zu Fischen, hellem Fleisch und so weiter. Auch variiert, zum Beispiel als »beurre rouge« mit Rotwein.

Beurre fumé · Mit Pouilly Fumé-Weißwein (aus dem Loiretal) vermischte Butter.

Binden · Das Sämigmachen von aromatischen Flüssigkeiten zu Saucen und Suppen durch Aufkochen von wäßrig angerührten Stärkeprodukten, wie Mehl, Speisestärke, Weizenpuder. Auch durch in Butter oder anderem Fett verknetetem Mehl, (also Mehlbutter – beurre manié). (Nicht zu verwechseln mit legieren.)

Bitterorangenessig · Seltene Variante der Obstessige, wie Apfelessig, Himbeeressig, Erdbeeressig.

Blätter hobeln · Gemeint ist das Herstellen blattdünner Scheiben auf einer Rohkosthobelreibe. Meistens werden Trüffeln in Blätter gehobelt.

Blanchieren · Aus dem Französischen eingedeutscht für das Abkochen, um Rohstoffe zu verbessern, sei es im Geschmack oder in der Konsistenz. Blanchiert werden harte Gemüse, Bries, Kochfleisch und anderes. Eine vielverwendete Methode der Vorbereitung von Zutaten.

Bouchées · Würzbissen, Mundbissen, besonders sorgfältig zubereitete Happen, meistens als Vorspeise oder als amuses gueules.

Bouillabaisse · Der südfranzösische Fischeintopf.

Bouquet garni · Heißt wörtlich »garnierter Strauß«. Gemeint ist eine Zusammenstellung von würzenden Kräutern und Gemüsestücken, die für bestimmte Zeit mitgekocht werden, zur Aromatisierung von Fonds.

Bouzy · Rotwein aus der Champagne, auch nichtschäumend im Handel, in Saucen verwendet.

Brunnenkresse · Besonders schmackhafte Art der Kresse, die an feuchten Plätzen wächst, auch wild, mit fleischigen Blättern, häufig als Tellergarnitur verwendet.

Brunoise · »En brunoise« schneiden heißt Gemüse in feinste Würfel schneiden, als Einlage in Suppen und Saucen, Pasteten- und Soufflémassen.

Cardinal · Garniturbezeichung für Hummergerichte.

Cassolette · Kleines Näpfchen, in dem Ragouts, Salpikons und anderes serviert werden. Nicht zu verwechseln mit dem Cassoulet, dem nordfranzösischen Bohneneintopf.

Cayennepfeffer · Gemahlene Chilischoten, schärfstes Gewürz, nur in kleinsten Mengen zu verwenden. Optisch mit Paprika zu verwechseln.

Champagne · Region aus der der französische Schaumwein (Champagner) stammt, der in der neuen Gastronomie wieder häufiger verwendet wird.

Chausson · Blätterteigunterboden zum Präsentieren von Gemüsen, Ragouts, auch Morcheln à la crème oder Trüffeln.

Chemisieren · »Mit einem Hemd überziehen«. In der kalten Küche: eine Sache mit abgekühltem Aspik überziehen. Vergleiche auch »nappieren«.

Chiffonade · Feinstreifig geschnittener Kopfsalat als Polster und Füllung bei Krustentier-Cocktailvorspeisen, Salaten. Auch gedünstet in Suppen.

Chilisauce · Ein besonders scharfer, mit Chilischotenextrakt versetzter Tomatenketchup.

Chiroubles · Gemeinde in der Region Beaujolais mit kräftigen bis harten Rotweinen, für viele Gerichte besonders gut geeignet.

Choron · Sauce Choron ist eine Sauce aus Sauce béarnaise und Tomatenmark.

Chrysanthemenblüten · In der klassischen Küche als Bestandteil von grünen und gemischten Salaten mitverwendet. Nicht allein gebraucht, weil der Geschmack zu vordringlich ist. Auch Kürbisblüten, Thymianblüten, Korianderblüten werden genommen.

Colchester · Herkunftsort für besonders gute Austern.

Concassé · Wörtlich »Zusammengeschnittenes«, zum Beispiel Tomate concassée, Würfel des fleischigen Teils mit Gewürzen und Butter kurz gedünstet. Teil von Gerichten und Garnituren.

Consommé · Kraftbrühe, oft mit Einlagen. Consommé

double ist ein mit Klärfleisch angereichertes Consommé, dann ohne Einlagen.

Coquille · Muschel, Coquille Saint-Jacques (Jakobsmuschel, Pilgermuschel). Die leeren Schalen der Jakobsmuschel werden als Geschirr für Ragouts (zum Beispiel Ragoût fin) verwendet.

Corail · Hummermark, die Eier, die an der Unterseite der weiblichen Tiere hängen können. Werden als Einlage in entsprechende Soufflémassen mitbenutzt. Auch das rote Innenfett der Krustentiere wird fälschlich Corail genannt.

Cordon · Eine Sauce kranzförmig auf den Teller gießen heißt sie »en cordon« gießen.

Coulis · Reduziertes Püree (zum Beispiel Coulis de tomates) oder mit Stärke gebundener Fond zur Unterstützung von Massen, Mayonnaise und ähnlichem.

Courtbouillon · Sud zum Kochen oder Pochieren von Fischen, wird aus Weißwein mit aromatischem Wurzelwerk (Mirepoix) zubereitet, bevor der Fisch darin gart.

Crème · Sahne. Crème fouettée (Schlagsahne), Crème double (Sahne mit doppeltem Fettgehalt als normal, das heißt 50–55 %), Crème fraîche (frisch abgeschöpfter Sauerrahm). Crème pâtissière (süße gebundene Sahne).

Croûton · Geröstetes viereckig geschnittenes Weißbrotstück als Einlage in Suppen, auf Kopfsalat, als Untergrund von kleinen Würzbissen (amuses gueules).

Dariole · Kleine Sturzform der feinen klassischen Küche.

Deglacieren · Eingedeutscht aus dem Französischen für das Ablöschen von Bratensachen in Kasserols und Pfannen mit Flüssigkeiten, um eine Sauce zu erzielen.

Demiglace · Halbfest eingekochte Jus, besonders konzentrierte Bratensauce, auch von Fischen, durch Einkochen des Fischfonds.

Dente · »Al dente« bedeutet im Italienischen »bißfreudig kochen«, knackig, beispielsweise Teigwaren, Gemüse, die nach dem Garen sofort in eiskaltem Wasser abgeschreckt werden, damit sie nicht in warmer Umgebung beim Abkühlen weitergaren können. Bei italienischen Teigwaren ist das »Al-dente-Kochen« Pflicht.

Dijonsenf · Besonders feiner scharfer heller Senf aus der französischen Stadt Dijon. Er wird auch in anderen Ländern nachgemacht.

Drahtlöffel · Großer aus Drahtstäben hergestellter Löffel, um Bratgut aus der Fritüre zu schöpfen. Das Fett soll an den Drähten ablaufen.

Dressieren · Eingedeutscht aus dem Französischen für gefälliges Anrichten, etwa mit dem Spritzbeutel auf Gebäck aufspritzen. Dann auch das gefällige Herrichten von rohem Geflügel mit einem Faden, damit die Geflügel beim Braten ihr gewünschtes Aussehen behalten.

Eiswasser · Wasser mit Roheisstücken, um in diesem kalten Wasser gekochte Gemüse abzuschrecken.

Entre-deux-Mer · Weißweingebiet bei Bordeaux, liefert Weine, die besonders gut zum Kochen geeignet sind.

Erdnußöl · Neutral schmeckendes einfaches Öl.

Etamine · Passiertuch aus feiner Baumwolle, durch das Suppen und Saucen gepreßt werden, als feinste Art der Siebe. Feiner als Haarsieb und Spitzsieb.

Etriles · Kleine Taschenkrebsart.

Farbe nehmen lassen · Ein an sich heller Rohstoff bekommt unter Hitzeeinwirkung eine appetitliche Färbung, meistens eine Bräunung. Zum Beispiel Zwiebelringe, Huhnbrust, Kalbslendchen.

Farce · Masse, streichfähige wurstartige Mischung aus Fleisch und Gewürzen, auch Fisch.

Feuilleté · Blätterteig, Gebäcke daraus. »En feuilleté« bedeutet in Blätterteig eingebacken.

Fischgräten · Bezeichnung für die Mischung aus Gräten, Köpfen, Haut von Fischen, die zur Bereitung der Fonds gekocht werden. Die Kochzeit ist geringer als bei Knochen, weil die Gräten schneller leimige Substanzen abgeben, was vermieden werden soll.

Fleischtomaten · Die südeuropäische Sorte, die weniger Saft enthält, dafür eine dickere Fleischschicht, auch größer ist als die kugeligen Safttomaten. Für Salate und fürs Tomate concassée besser geeignet.

Fleuron · Blätterteigstück in Halbmondform gebacken, als Beilage zu Ragouts, Frikassees üblich. In seltenen Fällen auch aufgeschnitten und gefüllt, zum Beispiel mit Lachsbutter, Kaviar.

Fond · Sammelbegriff für alle gewürzten Flüssigkeiten, besonders aber für Kochflüssigkeiten von Fleisch, Knochen, Fischen, Gräten, Gemüsen, Früchten. Aus den Fonds entstehen dann die Saucen, Suppen, Sude und so weiter.

Four · »Au four« heißt »im Ofen«; Zusatzbezeichnung für Gerichte, die im Ofen überkrustet wurden.

Französischer Wermut · Gemeint ist der weiße trockene der Marke Noilly Prat.

Frisé-Salat · Eine Art grüner Salat mit gefiederten Blättern.

Fruits de mer · Allgemein üblicher aber ungenauer Sammelbegriff für Meerestiere, die zum Essen geeignet sind. Als »Meeresfrüchte« eingedeutscht.

Fumet · Wörtlich »Rauch«. Gemeint ist der stark reduzierte Fond, den man durch Kochen zum Beispiel von Fischabschnitten, Gräten und anderen Zutaten erhält (Fumet de poisson). Meistens zu Farcen weiterverarbeitet.

Gartenkresse · Die kleinen Blätter auf feinen Stengelchen, meistens auf Papier ausgesät und mit der Schere abgeschnitten; Einlage als Würzkraut in Suppen und Saucen. Auch als Tellergarnitur verwendet.

Gelatine · Zu weißen dünnen Blättern ausgegossene und erstarrte Geleemasse aus Knochen. Wird geweicht und in warmer Flüssigkeit gelöst, und bringt dann diese beim Abkühlen zum Erstarren.

Gemüsemelange · Bunt zusammengesetzte Mischung aus verschiedenen, sich aber geschmacklich ergänzenden Gemüsearten.

Gesalzene Butter · In Frankreich üblich, in anderen Ländern seltener, in der modernen Küche als würzende Zutat beliebt.

Gestoßenes Eis · Roheis, grob zerschlagen, zur Kühlung oder zur Temperierung von pürierten Massen verwendet, besonders bei Elektromixern, die durch die schnelle Umdrehung der Schneidmesser die Massen erwärmen können, aber nicht sollen.

Glace · Das Wort kann sowohl Eis wie reduziertes Fleischsaftkonzentrat bedeuten. Zum Beispiel Glace de viande (bis zum Erstarren eingedampfter Bratensaft). Die Vorstufe nennt man Demiglace.

Glace de poisson · Wird aus Fischteilen zur Anreicherung von Saucen konzentriert, aufbewahrt und bei Bedarf verwendet.

Glutamat · Chemischer Bestandteil von Getreidekörnern. Aus Asien in unsere Küchen importiert, Wirkstoff, der Speisen intensiver schmecken läßt, ist selbst geruch- und geschmacklos, ein weißes Pulver.

Goujons · Fleisch, Fischfilets, Gemüse in Stifte geschnitten.

Goujonnettes · In Streifen geschnittenes Fleisch oder Fischfilet, nach Art des Geschnetzelten zubereitet; Fische als Saucengerichte; meistens mit Gurkenstiften und ähnlichem.

Gratiné · Eingedeutscht für überkrustete Gerichte, appetitlich gebräunte Oberflächen, meistens mit geriebenem Käse oder Butterflocken bestreut, bei Aufläufen, Ragouts, Teigwaren und anderem.

Grillstäbe ölen · Fleisch und Fisch kann an heißen trockenen Grillstäben festkleben. Deshalb werden diese mit einem hitzeunempfindlichen Öl eingestrichen.

Gros sel · Eigentlich großes Salz, gemeint ist grobkristallines Meersalz. Es wird in speziellen Handmühlen gebrochen, zu Fischen, zu Pasteten, roher Gänsestopfleber und so weiter verwendet, auch bei großen Braten »en gros sel« (»in der Salzkruste«) gebraucht.

Halászlé · In Ungarn Karpfensuppe, Art Nationalgericht.

Haricot vert · Grüne Bohne. Gemeint sind die unreifen allerfeinsten Buschbohnen, saftig und rund. Haricots verts werden blanchiert und gebuttert als Beilage und Bestandteil von gemischten Salaten verwendet.

Hollandaise · Kurzform für Sauce hollandaise, der klassischen aufgeschlagenen Sauce aus Eigelb, Würzreduktion und flüssiger Butter.

Holzspieß · Aus hartem Holz, zum Aufspießen von verschiedenen Fleischarten, Fischen, Gemüsen. Auch zum Festhalten von Rouladen. Die Holzspieße müssen vor dem Gebrauch in Öl eingelegt werden.

Imperiales · Große Austern aus Holland.

Juliennes · »En juliennes« schneiden heißt in feinste Streifen, schneiden, zum Beispiel Gemüse als Einlage in Suppen, Saucen, in Sud und ähnlichem.

Jungfernöl · Prädikat für Olivenöl, das als erstes bei der zarten Pressung aus der Mühle läuft. Besonders wertvoll, weil ohne Beimengungen, nicht bitter wie das Öl bei stärkerem Pressen.

Kaiserschoten · Auch Zuckerschoten, Mange-touts genannt, die unreifen Erbsenschoten.

Kalbsnierenfett · Besonders feines weißes leicht schmelzendes Fett, in das die Kalbsnieren eingebettet sind; früher noch begehrter als heute, geschmacklich neutral. Wird ausgelassen und auch zu süßen Gebäcken verwendet, zum Beispiel zum Plum Pudding.

Kapuzinerkresse · Heimische Kriechpflanze mit einem Fruchtknoten, der in Essig eingelegt wie Kapern benutzt werden kann. Große bunte Blüten.

Karkasse · Eingedeutscht aus dem französischen Carcasse, das Gerippe des Geflügels, auch in erweitertem Sinne bei Schlachtfleisch und Krustentieren benutzt.

Karotte · Von Rezeptautoren und Köchen immer auch für Möhren, die lange Form, benutzt, während die Karotte eigentlich die kleine kugelige Form hat. Sonst gleiches Gemüse.

Ketakaviar · Roter Lachskaviar.

Kläreiweiß · Geschlagenes Hühnereiweiß, in gehacktes Fleisch eingemischt, zum Klären von Fonds benutzt, wobei Fleisch und Eiweiß durch die steigende Erwärmung zusammenziehen und zu Boden sinken, die Trübstoffe mitreißen und oben eine blanke Flüssigkeit zurücklassen. Diese wird abgenommen und zum Beispiel als Consommé serviert.

Knackig · Neue Art der Gemüsezubereitung, kurz gekocht oder länger blanchiert, dann in Eiswasser abgeschreckt, besonders bei Bohnen, Möhren, Knollensellerie.

Knoblauchpresse · Kleine Handpresse, in der geschälte Knoblauchzehen zermust werden und Saft abgeben.

Kräuterbündel · Zusammenstellung frischer Küchenkräuter, zu einem Strauß zusammengebunden, an ihrem Faden in kochenden Fonds mitgezogen, dann entfernt und weggeworfen. Die Zusammensetzung der Bündel ist abhängig von der Art der Fonds.

Kräuterhaarsieb · Besonders kleines handliches Haarsieb, um gehackte Kräuter damit zu passieren.

Kräuterrisotto · Reis nach Art des Risotto gekocht, dann mit einer Mischung von gehackten Kräutern vermischt.

Krebs · Französisch »écrevisse«, gemeint ist immer der Flußkrebs.

Krebsbutter · Krebspanzer zermahlen und mit Butter aufgekocht, wobei sich der Farbstoff und der Krebsgeschmack der Butter mitteilen. Krebsbutter wird zum Aromatisieren von neutralen Grundsaucen und -suppen benutzt.

Krebsnasen · Leere Krebskörper ohne Schwänze.

Krustentiere · Sammelbegriff für Hummer, Langusten, Langustinen, Krebse und ähnliches (Crustacés).

Lachsfumet · Reduktion von Lachs, meistens aus Haut, Kopf und Gräten, oder auch aus püriertem Lachsfleisch, zur Anreicherung von Saucen und Suppen.

Leipziger Allerlei · Gemischtes Gemüse aus vornehmlich Erbsen, Karotten, Morcheln, Blumenkohlrosen, mit Krebsen und in einer Krebssauce. Heute meist ohne Krebs und Krebssauce zubereitet.

Limande · Rotzunge, Plattfisch wie Seezunge, aber billiger.

Limone · Grüne Zitronenart mit besonders intensiver Säure.

Lit · Sur lit bedeutet »auf einem Bett von...« Zum Beispiel auf einem Bett von Blattspinat. Besondere Anrichteweise.

Lochtülle · Beim Spritzen von Massen, Crèmes und so weiter mit dem Spritzbeutel, die Tülle ohne Zacken. Mit Zacken ist es die Sterntülle.

Mange-touts · Ganze unreife Erbsenschoten, in Deutschland mit »Zuckerschoten« übersetzt. Sie werden blanchiert und mit Butter übergossen.

À la marinière · Wörtlich »nach Seemannsart«, gemeint sind Zubereitungsarten von Fischen mit Muscheln oder Muscheln selbst in Porree-Weinsud.

Marmite · Petite Marmite ist ein bunter Gemüse-Fleischeintopf mit klarer Bouillon und kleingeschnittenen Gemüsen.

Meersalz · Aus dem Meerwasser durch Verdunsten gewonnen, kommt meistens aus der Camargue.

Meerwasser in Austern · Beim Öffnen der Austern wird das darin befindliche Meerwasser gerne aufgefangen und in Saucen mitverwendet. Der Grund für die Verwendung ist die bescheidene Würzkraft durch Meersalz und Jod.

Medaillon · Runde Scheibe von Filet (Kalb, Schwein, Rind), Langustenschwanz und so weiter. Der Name kommt von der äußeren Ähnlichkeit mit einem Schmuckstück gleichen Namens.

Melbatoast · Aus dünn geschnittenen Weißbrotscheiben durch intensives Rösten gewonnen, wobei alle Flüssigkeit verdampfen soll, so daß die Toastscheiben mürbe werden.

Metallmörser · Die Apotheker benutzten ihn früher zur Bereitung von Pulvern. In der alten Küche wurde er zur Herstellung von feinen Pürees verwendet, bevor der Elektromixer diese Arbeit übernahm.

Mie de pain · Frisches gebröseltes Weißbrot, benutzt als Panade und als Panierung.

Montieren · Eine gebundene Flüssigkeit, zum Beispiel eine Sauce mit Sahne und/oder Butterflocken und einem Schneebesen schaumig aufschlagen; verbessern, anreichern.

Mornayhaube · Ein Gericht, das gratiniert werden soll, mit einer Schicht aus Mornaysauce versehen, die aus einer Grundsauce mit geriebenem Käse besteht und eine Art Käsekruste erzeugt.

Mousse · Schaumige Masse zur Füllung von Pasteten, zum Pochieren und Stürzen, in Aufläufen, warm und kalt.

Mousseline · Schaumsauce, schaumig aufgeschlagene weiße

Sauce. Auch mit geschlagener Sahne gelockerte Soufflémasse.

Mousseron · Kleiner Pilz mit starkem Aroma, winziger Hut auf fadendünnem Stengelchen, etwa 5 cm hoch, getrocknet in Suppen beliebt.

Mürbeteig · Süßer und auch ungezuckerter Grundteig für viele Böden, beispielsweise Tarteletts. Auch mit geriebenen Nüssen (nach Walterspiel).

Muschelkörper · Ausgebrochene gekochte Pfahlmuscheln. Als Einlage in Fischsaucen und Suppen gebraucht.

Muskatblüte · Auch Macis genannt. Getrocknetes Fruchtfleisch der Muskatnuß, von hellrötlichbrauner Farbe, aromatisch, besonders für Wurst benutzt. Weniger aufdringlich als die Muskatnuß.

Nage · Bad, der gewürzte Sud mit feinen Gemüsen, Wein, in dem zum Beispiel Krebse serviert werden. (Écrevisses à la nage).

Nasen · Kurzform für Krebsnasen, das sind die leeren Körper ohne Schwanz von Krebsen. Sie werden zum Garnieren verwendet, entweder leer oder mit Salaten oder Mousses gefüllt.

Noilly Prat · Viel verwendeter französischer weißer Wermut, der besonders würzig und trocken ist.

Ochsenmark · Aus den Röhrenknochen kalt ausgestoßen, dann kurz blanchiert, von Knochensplittern abgesucht, in Scheiben geschnitten, entweder als Einlage zu Kraftbrühen, auf Bordelaiser Saucen; zum Beispiel in Markklößen als geschmacksbestimmende Zutat.

Officemesser · Handliches Messer mit spitzer Klinge für universelle Arbeiten wie Tournieren von Gemüsen.

Oseille · Das französische Wort für Sauerampfer. Die Blätter der Pflanzen werden meistens püriert in aufgeschlagenen Suppen und Saucen verwendet.

Oursin · Seeigel. Meistens werden die Eier und der Saft püriert oder passiert in Saucen zu Fischen verwendet.

Palette · Pfannenmesser, lange Stahlzunge mit Handgriff, gerundetes Ende, extrem biegsam, zum Wenden und Entnehmen von Pfannensachen und vielen anderen Arbeiten.

Panade · Auflockern von farcierten Massen, meistens aus Fleisch, durch Zusatz von Panade, die aus gebackenem Brot (Weißbrot), Backteig, Brandteig besteht.

Panierung · Herstellen einer Kruste zum Beispiel für Fischfilet, Schnitzel, Kotelett. Entweder nach Wiener Art mit Eigelb und Brotbröseln oder nach englischer Art mit Eierkuchenteig. Die Panierung soll den Saft im panierten Stück festhalten.

En papillote · Fleisch- oder Fischstück, in Pergamentpapier-Tasche eingehüllt meistens in der Pfanne gebraten, am Tisch geöffnet. Technik der Zubereitung, um Kräuterwürzung bestmöglich zu erhalten. Oft auch nur optischer Gag.

Parfait · Das Vollkommene. Benutzt in der klassischen Küche für reines Gänseleberprodukt, in der Pâtisserie für geschlagene Sahne mit Eigelb als Grundmasse zum Frieren, zur Herstellung von Eisparfaits. In der modernen Küche auch übernommen für ähnliche Produkte zum Beispiel aus Gemüsen und Fischfarcen.

Parüren · Eingedeutscht aus französisch parures, kleine Abschnitte bei Fisch und Fleisch, die beim Herrichten der Bratstücke entstehen und die dann gehackt in den Jus-Kochtöpfen benutzt werden. Das Herrichten wird Parieren genannt.

Passe-Pierre-Algen · Hellgrüne fleischige Algenart, die wie Haricots verts behandelt und gegessen wird.

Passieren · Von passer (durch ein Sieb streichen oder gießen). Um verschiedenartige (zum Beispiel flüssige/feste oder kleine/große) Bestandteile voneinander zu trennen.

Paupiettes · Röllchen, eingeschlagene oder gerollte Schnitzelchen oder Fischfilets, zum Beispiel Paupiettes de sole für Seezungenröllchen, auch nur zusammengefaltet. Die Paupiettes werden dann in Saucen gedünstet und serviert.

Pernod · Französischer Anislikör, in der Küche als Würze benutzt.

Petersilie · Bekanntestes Küchenkraut. Die Art mit den glatten Blättern wird als Würze, die mit den krausen Blättern als Garniermittel für kalte Platten verwendet. Heute wird Petersilie in der feinen Küche vielfach durch Kerbel, Basilikum und andere seltenere Kräuter ersetzt.

Petits légumes · Neu entstandener Begriff für eine Gemüsebeilage aus meistens gemischten Sorten; tourniert, in Juliennes oder als Püree.

Pfahlmuscheln · Auch Miesmuscheln genannt, die üblich im Handel gebräuchliche und angebotene Form, ausgebrochen, in Saucen pochiert. Eigengeschmack ist gering.

Pfefferkörner · Zu den klassischen weißen (reifen) und schwarzen (unreifen) getrockneten Körnern sind in den letzten Jahren noch die unreif und halbreif konservierten und in Salzwasser liegenden grünen und rosa Körner gekommen.

Pfefferminze · Besonders würzige Art der Minzen, zu Getränken oder Saucen verwendet.

Pfeffermühle · Für die Verwendung von weißen und schwarzen Pfefferkörnern selbstverständlich vorgeschriebene oder erwartete Mahlungsart, besser als fertig gemahlener Pfeffer, der seine ätherischen würzenden Öle schnell verliert.

Pimpinelle · Säuerlich schmeckendes Würzkraut. Es wird in Salaten, Saucen und Suppen verwendet.

Plat russe · Von Auguste Escoffier empfohlene Anrichteschüssel mit flachem Rand, oval oder rund, für Gemüse, Saucengerichte, Eierspeisen. Auch heute noch die universelle Schale für die Küche und fürs Anrichten.

Pochieren · Die Garungsart in gewürztem Wasser bis etwa 65–75° C.

Porreeweiß · Das Mittelstück der Porreepflanze. Besonders gerne benutzt, in Scheiben geschnitten.

Pouilly Fumé · Loire-Weißwein mit besonders interessantem Geschmack für die Herstellung weißer Saucen.

Ratatouille · Gemischtes geschmortes Gemüse aus Zwiebeln, Paprikaschoten, Auberginen, Courgettes oder Gurken. Beliebte Beilage zu Grilladen und Braten der provenzalischen Küche.

Reduktion, reduzieren · Einkochung, durch Verdampfen ursprünglich dünner Fonds erzielt, auch als Basis für die Herstellung von Sauce hollandaise und Sauce béarnaise wichtig. Reduzierte Fonds werden in der neuen Küche mit doppelter Sahne und Butter aufgeschlagen und als Sauce serviert.

Rehrückenform · Spezielle Backform, rechteckig, aber mit rundem und geriffeltem Boden. Für Pasteten und Soufflés gebraucht, auch für gefrorene Parfaits.

Reintönig · Prädikat für Fonds und Consommés, die sauber, nach klassischer Anweisung zubereitet wurden. Nur sie geben gute Produkte bei weiterer Verarbeitung zu Saucen und anderem.

Riesling Clos de Zahnacker · Elsässer Einzellage für gute Weine. Besonders hervorgehoben bei weißen Saucen, auch wenn die Bezeichnung »Riesling« bei entsprechenden Gerichten, wie Coq au Riesling, genügen würden.

Rogen · Zusammenhängende Fischeier von kleinen Fischen, selten in der feinen Küche verwendet.

Roheis · Gefrorenes Wasser, in Soufflémassen beim Pürieren im schnelldrehenden Mixer wichtig, um die Masse nicht zu heiß werden zu lassen, so daß das Eiweiß im rohen Fisch oder im Fleisch gerinnt und dadurch die Bindung verloren geht. Das Roheis wird so zerkleinert, daß man es später nicht spürt.

Rondelles · Runde Scheiben, zum Beispiel von Weißbrot, von Langustenschwänzen, von Gänseleberparfait oder -pastete, für die kalte Küche.

Rosa Pfeffer · Halbreife Pfefferkörner, noch weich. Es handelt sich um das Stadium zwischen grünen und reifen Körnern. Rosa Pfeffer ist in wäßriger Aufgußflüssigkeit in Gläsern im Handel. Er wird als optische würzende Zutat gebraucht. Der Würzeffekt ist gering.

Rotwein · Zum Kochen wird säurearmer körperreicher Wein benutzt, meistens von Burgund oder Côtes du Rhône oder vom Rheingau oder aus Südbaden. Der Rotwein wird immer vor dem Servieren mitgekocht, um den Alkoholgehalt zu verringern oder ganz auskochen zu lassen.

Royal · 1. Eierstich, gestocktes verquirltes und gewürztes Voll-Ei; 2. »nach königlicher Art« als Garniturbezeichnung für eine besonders reiche Art.

Sabayon · Schaumsauce, besteht aus Eischnee und Gewürzen, warm aufgeschlagen. In der Pâtisserie üblich, jetzt auch in der warmen Küche als würzige Sauce verwendet beziehungsweise nach dort übernommene Technik.

Sämig · Durch Bindung hervorgerufene saucenähnliche Konsistenz von Fonds.

Safran · Rares teures Gewürz aus den Blüten von spanischem Krokus, färbt gelb, mit intensivem Geschmack, der nur in großer Verdünnung angenehm ist.

Saibling · Fisch der Forellenfamilie aus dem Bodensee.

Saignant · Für die Form der Fleischgare in der Pfanne, bei der Steaks innen noch roh sind. Zwischen »bleu« (nur außen kurz angebraten), und »englisch« (innen noch rosa).

Saint-Jacques · Kurz für Coquille Saint-Jacques (Jakobsmuschel), auch Pilgermuschel, vielgebrauchte Muschel für entsprechende Gerichte.

Saint-Pierre · Edler Fisch des Atlantik, des Mittelmeers und von Binnenseen Nordafrikas.

Salamander · Küchengerät mit einseitiger Hitzeabstrahlung, früher mit Gas betrieben, jetzt mit Elektrizität, mit verstellbarer Bodenplatte, so daß man mehr oder weniger Hitze geben kann. Damit werden Gerichte überkrustet.

Salpikon · Allerfeinstes Ragout, meistens aus edlen raren Flescharten und Pilzen, zum Füllen geeignet.

Sauteuse · Geschirr zum Sautieren (Dünsten). Am besten mit Kasserol übersetzt.

Sautieren · Von sauter (dünsten) abgeleitet. Bedeutet kurz anbraten, angehen lassen. Sauté ist das so hergestellte Gericht. Pommes sautés (Bratkartoffeln).

Scampi · Bezeichnung für kleine Meereskrebse, die ausgebrochen in den Handel kommen und fritiert, in Saucen auf verschiedenste Art häufig verwendet werden.

Scheurebenwein · Weißwein aus der Scheurebe, besonders aromatisch zur Verwendung in hellen Saucen und Suppen.

Schlagkessel · In der Küche und Pâtisserie ein großer Metalltopf mit rundem Boden, in dem mit dem Schneebesen Massen, Eischnee, Sahne oder Crèmes geschlagen werden.

Schneekartoffeln · Gekochte, passierte und flockig servierte Kartoffeln, mit Butterflocken versetzt, aber nicht gemischt. Die Kartoffeln werden beim Kochen gewürzt.

Sevruga · Schwarzer Kaviar mit kleineren Körnern.

Sherryessig · Weinessig aus südspanischem Sherrygrundwein. Aromatisch und herb.

Spatel · Handwerkszeug des Pâtissiers zum Bewegen von Crèmes, Pastetenmassen und anderem (meistens aus Holz).

Speck · Grüner Speck wird für Pastetenformen zum Abdekken gegen Hitzeeinwirkung im Ofen benutzt. »Grün« bedeutet ungeräuchert, also nur leicht gesalzen.

Spiegel · Fläche, die auf Tellern mit Sauce gedeckt wird, um darauf die Gerichte zu plazieren.

Spitzsieb · Unten spitz zulaufendes Metallsieb aus Lochblechen, mit Griff. Standardsieb der warmen Küche für Suppen, Fonds, Saucen.

Staudensellerie · Auch Englischer Sellerie genannt; bei dem man die dicken Blattstiele verwendet, nicht die äußeren Blätter, nicht die kleine Knolle.

Stiller Champagner · Grundwein zur Champagnerherstellung. Nur die besten Sorten werden als stiller (nichtschäumender) Wein abgefüllt.

Strohkartoffeln · Haarfein geschnittene rohe, dann in der Fritüre hellbraun gebackene Kartoffeln, typische Beilage zu Grilladen und Steaks.

Tabascosauce · Besonders scharfe wäßrige Flüssigkeit, in kleinen Flaschen zu kaufen, nur tropfenweise zu gebrauchen; ein Extrakt aus Chilischoten, die getrocknet und gemahlen als Cayennepfeffer gebraucht werden.

Tapioka · Aus den Cassavawurzeln gewonnenes Stärkeprodukt in Form kleiner Perlen. Ähnlich Sago.

Tartelett · Für Törtchen; nur gebackener Boden, zum Füllen mit Fischfilets, Gemüsen, Früchten geeignet, auch als Garniturmittel.

Taschenkrebs · Minderes Krustentier, von dem nur die Beine gebraucht werden können. In einfacheren Suppen werden die ganzen Tiere oft mitgekocht. Der Korpus ist nicht zum Essen geeignet.

Timbale · Sturzform mit rundem Boden, der zum Garnieren von Gemüsen bei Geleegerichten benutzt wird, auch zum Einpressen von Blattspinat, warmen Pasteten.

Tomate concassée · Fleischtomaten, gehäutet, geschnitten, ohne Saft und Kerne, mit Butter, Salz und Pfeffer kurz gedünstet als Beilage, als Garnitur für Saucengerichte, vielfältig in der warmen Küche benutzt.

Tomaten-Confit · Confit de tomate, kurz eingekochtes frisch hergestelltes Tomatenpüree, Weiterführung des Tomate concassée.

Tournieren · Gemüsen eine gefällige Form geben. Man schneidet die Gemüse meistens rund oder rhombenförmig; vor allem ältere Gemüse, Kartoffeln, Champignonköpfe.

Tranchelard · Spezialmesser zum Tranchieren von Fischen, Lachsseiten, mit langer biegsamer Klinge, schmaler Schnittfläche. Wörtlich: Speckschneider.

Traubenkernöl · Besonders feines, fast neutral schmeckendes Salatöl.

Trüffelfond · Der Saft, der beim Kochen der schwarzen Trüffeln entsteht, der viel Trüffelgeschmack hat und zum Anreichern von Suppen, Soufflémassen und anderem benutzt wird.

Trüffeln · Teure unterirdisch wachsende Pilze, am besten sind die schwarzen, die im Winter geerntet werden und meistens aus Italien, nördlich von Rom, kommen. Eine Variante sind die weißen Trüffeln, hellgrau, mit etwa gleicher Würzkraft, wegen ihrer Seltenheit jedoch oft doppelt so teuer als die schwarzen. Die Trüffeln werden geschält, in dünne Scheiben gehobelt oder en julienne geschnitten, auch gehackt; immer als Verbesserung von Saucen, Pastetenmassen, Soufflés, Suppen. Seltener allein als eigenständiges Gericht, wie ganze Trüffeln au cendre (eingewickelt und in glühender Asche gegärt) oder en papillote (in Pergamentpapier mit Madeirawein gedünstet).

Trüffelreis · Risotto, mit gehackten schwarzen Trüffeln vermischt.

Trüffelrösti · Röstipfannkuchen. Eingebacken sind Streifen oder dünne Blätter von schwarzen Trüffeln.

Vapeur · »À la vapeur« bedeutet »gedämpft«, das heißt mit oder durch Dampf gegart. Dieses Verfahren wird bei der Zubereitung von Fisch (aber auch Gemüse oder Geflügel) angewendet.

Velouté · Weiße Grundsauce der warmen Küche, auch mit Samtsauce übersetzt, mit Mehl gebunden. Je nach Verwendung des Fonds zum Aufgießen der Mehlschwitze unterscheidet man zwischen Fischvelouté, Geflügelvelouté, Pilzvelouté.

Vinaigrette · Essigsauce, von französisch vin abgeleitet. Vielbenutzte Sauce für Artischocken, Sülzen, Salate und anderes.

Vin blanc · Kurz für eine Sauce, die mit Weißwein hergestellt ist, eine Art Basissauce für Fischgerichte, für Geflügelfrikassee und anderes.

Vivier · Hälterbassin für Austern, Hummer, Forellen.

Walnußbrot · Weizenmischbrot mit eingebackenen Walnußkernen, eine Spezialität aus der Schweiz, meistens zusammen mit Käse serviert.

Walnußöl · Auch einfach Nußöl genannt, gepreßt aus Walnußkernen; mit leicht kratzendem Geschmack; für bestimmte Salate geeignet; nicht für die warme Küche.

Weinessig · In der klassischen Küche meistbenutzter feiner Essig, oft auch mit Kräutern variiert. Am besten ist italienischer oder französischer Weinessig aus 100% Wein hergestellt, mild und aromatisch. Es gibt auch Weinessig im Handel, der nur einen geringen Anteil reinen Wein enthält.

Weißwein, trockener · Für die warme Küche muß Weißwein immer trocken sein, mit mäßig starker Säure. Der Alkohol wird vorher herausgekocht. Wichtig ist, daß die Weine zum Kochen fruchtig sind, damit sie ausreichend Würze geben können.

Weizenpuder · Staubfeine ausgewaschene Stärke aus Weizenkörnern, für besonders glatte Crèmes. Auch zum Teil für Teigmassen benutzt.

Wermut · In der warmen Küche ist fast immer der weiße trockene Wermut aus Frankreich gemeint, der zum Beispiel unter dem Namen Noilly Prat im Handel ist.

Würzsalz · Sammelbegriff für gemischte Gewürze für verschiedene Verwendungsmöglichkeiten. Fertig im Handel.

Xérès · Sherry. Zum Beispiel Vinaigre de Xérès (Sherryessig).

Zeste · Hauchfein abgeschälte Schale von Orange oder Zitrone, zwischen den Fingerspitzen zerdrückt, so daß das ätherische Öl, das darin enthalten ist, in das Gericht spritzt und es aromatisiert.

Zitronenmelisse · Würzkraut, wächst in großen Stauden. Die Blätter riechen und schmecken beim Zerreiben deutlich nach Zitrone. Die Melisse wird mit Fisch, aber auch Fleisch verwendet.

Zucchini · Kleine Gurkenart; französisch »Courgettes«. Zucchini werden als Gemüse, in Ratatouille verwendet.

Zuckerschoten · Unreife Erbsen, eigentlich die ganzen zarten Erbsenschoten, französisch »mange-touts« genannt. Oft werden aber auch die kleinen Erbsen so bezeichnet.

Rezeptregister